Administração de Conflitos em Condomínios

Miguel Arcângelo

Administração de Conflitos em Condomínios

Copyright © 2008 Miguel Arcângelo

Todos os direitos desta edição reservados à Qualitymark Editora Ltda.
É proibida a duplicação ou reprodução deste volume, ou parte do mesmo,
sob qualquer meio, sem autorização expressa da Editora.

Direção Editorial	Produção Editorial
SAIDUL RAHMAN MAHOMED editor@qualitymark.com.br	EQUIPE QUALITYMARK

Capa	Editoração Eletrônica
WILSON COTRIM	EDEL

CIP-Brasil. Catalogação-na-fonte
Sindicato Nacional dos Editores de Livros, RJ

A698a
Arcângelo, Miguel
    Administração de conflitos em condomínios/Miguel
Arcângelo; colaboradora: Ivoneci da Silveira – Rio de Janeiro:
Qualitymark Editora, 2008.
    144p.

    Inclui bibliografia
    ISBN 978-85-7303-731-9

    1. Condomínio (Habitação) – Administração.
2. Administração de Imóveis. I. Silveira, Ivoneci. II. Título.

07-3122   CDD 346:810433
                                                                        CDU 342.1238

2008
IMPRESSO NO BRASIL

Qualitymark Editora Ltda.
Rua Teixeira Júnior, 441
São Cristóvão
20921-405 – Rio de Janeiro – RJ
Tel.: (0XX21) 3295-9800 ou 3860-8422

Fax: (0XX21) 3295-9824
www.qualitymark.com.br
E-mail: qualitymark.com.br
QualityPhone: 0800-263311

Agradecimentos

Agradeço à minha primeira sócia e esposa, Sonia de Fátima, ao advogado Dr. Lauro Soares, meu professor em condomínio, que acreditou no projeto de uma administradora inovadora voltada para a qualidade na prestação do serviço e aceitou meu convite para a criação da Servicom, ao contador Eronildo Rodrigues, que confiou na possibilidade do crescimento da Servicom e também aceitou a parceria de uma sociedade. Ao advogado Dr. Olavo Rodrigues, em substituir o Dr. Lauro Soares, na mesma. Agradeço aos meus professores Saulo Emmanuel, Evaristo Quinino, César Cook, e aos demais professores da faculdade Asper, principalmente ao reitor Professor Severino Paiva. Agradeço a Celeida Gadelha, presidente da ABRH – Paraíba, que me deu oportunidade para fazer parte da diretoria, da qual sou vice-presidente; ao Dr. João Emanuel, subsecretário da administração do Governo do Estado da Paraíba; ao meu professor de Português Dorgival Pereira; ao meu amigo particular Sílvio Noronha, que um dia me falou: "Você se adapta a qualquer profissão, porque faz com amor". Aos meus tios Dr. Aldacyr Roberto e Conceição Marinho, que me ensinaram o melhor nos meus primeiros anos de vida profissional. – "Seja bom naquilo que você faz, não importa a profissão". Agradeço ao administrador de condomínio Mário Tabosa, que é colaborador desta obra. À professora Ivoneci da Silveira, que contribuiu para as primeiras correções e colaborou com esta obra; aos meus pais, meus irmãos, principalmente Rita de Cássia, que descobriu em mim a arte de administrar quando era pequeno; ao senhor Frederico Penido e a Alexandre Mendes, pela oportunidade em voltar ao mercado de trabalho, e aos meus dois filhos queridos, Miguel Felipe e Diego Arcângelo, que são admiradores de tudo que faço e me apóiam com suas renúncias.

Miguel Arcângelo
Autor

Prefácio

A raça humana, embora dotada de raciocínio e inteligência, perde feio para muitas espécies animais quando o assunto é harmonia. Na verdade, conflito parece ser o nosso forte. Desde os primórdios da civilização que conflitamos entre nós. A modernização dos tempos, a tecnologia, os modernos métodos de educação e os acompanhamentos psicológicos nas escolas se revelam insuficientes para atingirmos o ápice da harmonia.

Os conflitos ocorrem na família, na escola, na igreja, no clube, em todos os lugares onde convivemos. Nas organizações não é diferente. Lá se observam brigas por ambição, egoísmo, inveja, concorrência, caprichos pessoais, etc.

Essa situação tem levado cientistas a estudarem a questão e buscar soluções. O livro ADMINISTRAÇÃO DE CONFLITOS EM CONDOMÍNIOS, antes de tratar do seu tema-título, faz uma inferência técnico-administrativa nos diversos sistemas organizacionais, objeto de estudos científicos, dando ao leitor uma visão do que vem a ser uma organização, além de mostrar os diversos aspectos dos conflitos.

Após essa retrospectiva o autor trata do assunto "condomínio", onde proporciona uma compreensão desse tipo de organização, evidenciando aspectos comportamentais e de relações humanas.

A obra de Miguel Arcângelo transpõe os paradigmas condominiais, oferecendo uma imagem ampla de um sistema onde os conflitos lá existentes, embora com particularidades próprias, guardam profunda semelhança com os que ocorrem em qualquer tipo de ambiente.

Mário Tabosa

Empresário e administrador de condomínios, graduado em Administração de Empresas, pela AESGA, pós-graduado em Finanças Empresariais, pela FGV, em Gestão de Qualidade e Produtividade pela UFPB e em Estratégias Empresariais pelo UNIPÊ.

Sumário

Introdução, XIII
Primeira Parte, 1
  Recursos Humanos e a Sociedade Moderna, 3
  A Organização e seus Sistemas, 5
  Conceito de Organização, 5
  A Estrutura Organizacional, 6
  As Diferentes eras da Organização, 6
  A Organização como Sistema Social, 8
  A Organização como Sistema Aberto, 9
  Objetivos Organizacionais, 9
  Conceituando Eficiência e Eficácia, 10
  Subsistemas Organizacionais, 10
    Níveis Organizacionais, 10
    Nível Institucional, 12
    Nível Intermediário, 12
    Nível Operacional, 13
  Gestão de Recursos Humanos nas Organizações, 13
  Gestão de Pessoas e o Novo Ambiente Organizacional, 16
  Mudança no Sistema de Trabalho, 20
  A Organização Virtual, 22
  Produtividade e Qualidade, 22
  Novas Tecnologias e Novos Modelos de Gestão, 24

Aspectos Sociais nas Organizações, 25
A Nova Organização e a Gestão de Pessoas, 26
Princípios no Modelo de Gestão de Pessoas, 27
Enfoque Sistêmico, 29
Gestão Estrátegica de Pessoas, 30
Gestão por Competência, 32
Gestão de Conflitos, 33
Conflito: O que é – Como Entendê-lo, 33
Origem dos Conflitos, 35
Efeitos Negativos dos Conflitos, 35
Análise dos Conflitos, 36
Administração dos Conflitos, 38
Situações dos Conflitos nas Organizações, 38
Natureza dos Conflitos, 38
Nova Visão dos Conflitos e a Possibilidade de Resolução, 39
Mediação e Arbitragem na Solução de Conflitos, 40
Estilos para Lidar com Conflitos, 41
Uso dos Diversos Estilos e Benefícios da Resolução de Conflitos Bem-sucedida, 42

Segunda Parte, 45

Tipos de Edifício, 47
Síndico, 47
Subsíndico, 48
Presidente do Conselho, 49
Os Condôminos, 50
Convenção, 51
Regimento Interno, 52
Atas de Reuniões, 53
Comunicados, 55
Advertência, 57

Edital de Convocação de Assembléia, 60

Boleto Bancário, 61

Protocolo de Entrega, 65

Livro de Ocorrência, 69

Livro de Ponto, 70

Livro de Atas, 72

Livro de Assinaturas das Assembléias, 72

Os Profissionais dos Edifícios, 76

Os Profissionais Terceirizados, 78

Vamos Falar Agora sobre o Profissional da Portaria, 82

   Conceito de Porteiro, 82

   Tipos de Porteiro, 82

   Funções de um Porteiro, 83

Três Funções de um Porteiro, 87

   Atendimento Direto, 81

   Atendimento Indireto, 91

   Qualidade no Atendimento, 92

Requisitos Comportamentais, 93

Relações Humanas no Trabalho, 97

Segurança, 102

Quadro Demonstrativo dos Assaltos, 104

   Importante, 105

   Tipos de Superfícies, 108

   Prática da Faxina, 110

Tipos de Administração, 121

Conclusão, 123

Referências Bibliográficas, 125

Introdução

Pelos anos de experiência trabalhando com condomínios, como proprietário de uma administradora, interagindo diretamente com funcionários, como porteiros, zeladores, síndicos e pessoal profissional, que atendem os condomínios, resolvi escrever este livro com o objetivo de transmitir às pessoas o que ocorre dentro de um condomínio com relação ao comportamento e ao funcionamento das atividades dos síndicos, condôminos, funcionários, administradores e pessoal terceirizado.

As construtoras algumas vezes chegam a impor aos condomínios a contratação posterior de funcionários que participam do processo de construção dos edifícios (serventes, pedreiros e vigias, principalmente vigias), com a argumentação de que o repasse de mão-de-obra de alguns desses funcionários seja por merecimento justo, como uma espécie de prêmio pela dedicação por eles dispensados durante toda a construção da obra. Esses funcionários, alguns ainda analfabetos, quase sem nenhuma qualificação, irão desempenhar papéis e funções importantes que precisam e exigem mão-de-obra qualificada, tendo em vista o alto nível de qualificação da maioria dos moradores de prédios comerciais e residenciais. O número de pessoas de baixo nível de qualificação dentro de uma sociedade comunheira, ou seja, dentro de uma sociedade condominial, é insignificante; por isso, a necessidade de qualificação desses porteiros e zeladores antes de serem admitidos. Seria preciso que essas pessoas passassem por um processo de seleção, em que fosse analisado seu perfil psicológico, participassem de treinamento para, assim, poderem corresponder às exigências do empregador.

Nos condomínios residenciais, as pessoas procuram manter-se afastadas dos problemas cotidianos, buscando o bem-estar, qualidade de vida. Já nos condomínios comerciais, constituídos por empresas que visam à obtenção de lucros, além da tranqüilidade, as exigências em relação ao funcionamento dos serviços do prédio são extremamente mais rígidas.

Toda a estrutura de serviços do prédio deve estar disponível e em perfeito funcionamento, do contrário, as falhas e faltas repercutirão de maneira negativa na empresa e no serviço direto do profissional ali procurado. O atendimento no condomínio empresarial faz parte e complementa o atendimento do profissional, que tem uma sala ou uma loja e paga pelo seu espaço. Quem paga taxa de condomínio deseja obviamente usufruir o bom funcionamento deste e o bom desempenho dos funcionários. Portanto, o porteiro, o zelador, as lâmpadas, o elevador, a escada, a higienização do local, etc. precisam funcionar adequadamente, pois se esses serviços não funcionarem de forma apropriada, o atendimento que o condômino de um condomínio empresarial pretende prestar aos seus clientes não será correspondido, e isso implicará retorno negativo por parte da clientela em relação ao trabalho e à competência desse profissional. Por esses motivos, faz-se necessário que se qualifiquem os funcionários de prédios condominiais.

Baseado em tudo que aqui foi exposto, decidi escrever este livro para instruir melhor não só os profissionais do meio, mas também os porteiros e os zeladores. O objetivo é apresentar uma noção do âmbito condominial aos moradores, aos condôminos e, especificamente, aos síndicos e às administradoras de condomínios, para que possam administrar melhor os conflitos.

Acredito que o treinamento aproxima as pessoas das vagas de emprego, visto que o mercado de trabalho se torna cada vez mais exigente, excluindo aquele que não tem qualificação. A minha intenção, ao escrever este livro, é frisar a necessidade que se faz urgente, de quem já é ou pretende ser funcionário de condomínio, de se qualificar e, também, proporcionar oportunidade para que os interessados realizem a sua qualificação de maneira simples e facilitada.

Para a exposição do assunto, recorre-se na primeira parte do livro a vários autores, que dedicaram seu tempo ao estudo das Relações Humanas. Na segunda parte, foi elaborado um manual com conceituações e normas para um bom desempenho nos serviços de condomínios.

Primeira Parte

Recursos Humanos e a Sociedade Moderna

As mudanças estão acontecendo cada vez mais rapidamente e em todas as direções. Faz-se necessário que as aceite e se adapte a elas, em vez de se deixar levar por elas ou se adaptar relativamente e com muito atraso. Essas mudanças não se restringem apenas à área de Recursos Humanos (RH), mas penetram em todos os poros das empresas e na vida das pessoas e acontecem em todas as áreas empresariais.

As transformações estão modificando rapidamente as feições do mundo, da sociedade, das empresas, através da formação de um mercado restrito que favorece a globalização, da burocracia para a *adhocracia*, do comando para a orientação, do trabalho muscular para o trabalho cerebral, da atividade solitária para a solidária, da especialização para a multifuncionalidade, do foco no produto ou no serviço para o foco no cliente, do tempo integral para o tempo parcial, dos seguidores de regras para os empreendedores, dos recursos humanos para os parceiros dos negócios, de gerentes para líderes e do capital financeiro para o intelectual.

Vários autores se dedicam ao estudo dos RHs; dentre eles, destacamos Milkovich (2000), que relata: "Recursos Humanos são decisões integradas que formam as relações de trabalho; sua qualidade influencia diretamente a capacidade da organização e de seus empregados em atingir seus objetivos."

Megginson, Mosley & Pietri Jr. (1998) entendem Recursos Humanos como um aspecto muito importante da administração: planejamento das necessidades de pessoal, recrutamento, seleção, treinamento e desenvolvimento de empregados capacitados, colocando-os em ambientes produtivos e recompensando seu desempenho.

Mas na área de RH ainda se encontram velhos paradigmas e concepções arcaicas, ultrapassadas, que funcionam como barreiras para a sua atualização e modernização.

Essa era marcada pela transformação de valores e principalmente a inserção no mundo da digitalização. O relacionamento entre as organizações, empresas fornecedoras e clientes, o comportamento das pessoas, a gestão do capital intelectual, a gestão de competências e a gestão do conhecimento representam novos conceitos que vieram transformar a tradicional administração de RH para gestão de pessoas e, atualmente, gestão com pessoas.

Captar e compreender as principais tendências que estão delineando-se para os próximos anos é tão vital para a gestão de pessoas quanto administrar os problemas do dia-a-dia. Uma gestão de pessoas desatrelada da realidade presente pode tropeçar em obstáculos mais imediatos e comprometer a sobrevivência da organização.

Em contrapartida, a gestão de pessoas que não procura atender ao futuro pode ser surpreendida pelas transformações e prejudica todo o processo produtivo das organizações, chegando até ao seu cliente. Coloca-se acima das turbulências de curto prazo, e enxergar as transformações mais amplas que ocorrem no ambiente é fundamental para os gestores da organização.

Especialmente em ambientes extremamente dinâmicos, como o da economia nacional, e devido ao constante bombardeio de informações, o gestor de pessoas corre ainda o risco de perder a visão global de longo prazo de sua organização.

As interações humanas nas organizações produzem, inevitavelmente, uma variedade de conflitos todos os dias. De muitas formas, nossos interesses, necessidades, desejos e preocupações assumem direções nem sempre alinhadas com as das outras pessoas. Nesse contexto, é natural que haja conflito e diferenças entre as pessoas.

Avança e se destaca o indivíduo que desenvolve e aplica a habilidade de resolver e gerenciar conflitos em seu ambiente profissional, adquirindo maior capacidade de cooperação, liderança, trabalho em equipe, resultado e, principalmente, qualidade de vida.

A partir daí, os gestores começam a administrar os conflitos existentes nas organizações. Esses, na sua maioria, são provocados por conflitos pessoais. Um aspecto crítico da área de RH é a solução de desavenças dentro de uma postura global e de longo prazo. Quando adequadamente solucionados e resolvidos, os conflitos conduzem às mudanças organizacionais que predispõem à inovação. O conflito não é nem casual nem acidental, mas inerente à vida organizacional ou, em outros termos, é inerente ao uso do poder.

Segundo Chiavenato (2004, p. 376), "conflito significa existências de idéias, sentimentos, atitudes ou interesses antagônicos e colidentes que podem chocar-se". Sem dúvida, o conflito é condição geral do mundo animal. O homem sobressai-se dentre os animais por sua capacidade de atenuar, contornar, negociar, embora nem sempre de eliminar essa condição.

Portanto, um dos propósitos da administração deverá ser criar condições ou situações em que o conflito, parte integrante da vida industrial e organizacional, possa ser controlado e dirigido para canais úteis e produtivos.

A Organização e seus Sistemas

As mudanças que estão ocorrendo no cenário empresarial acabam afetando profundamente as organizações, interferindo na estrutura, na cultura, no comportamento e, principalmente, no papel das pessoas que nelas trabalham.

Na expectativa de ir ao encontro desse novo contexto, as organizações investem na reestruturação, buscando proporcionar estabilidade e segurança. No entanto, isso somente se torna possível através de uma administração eficiente e estruturada de acordo com as expectativas de um mercado moderno e futurista.

Conceito de Organização

Para conceituar "organização", recorre-se a vários autores.

Drucker (1993) aponta que organização é uma instituição composta por pessoas trabalhando em conjunto, em uma tarefa comum. É sempre especializada e definida por sua tarefa, tornando-se eficaz somente se concentrar nela.

Segundo Chiavenato (2002), a organização é um sistema de atividades conscientemente coordenadas de duas ou mais pessoas capazes de se comunicar e que estão dispostas a contribuir com ação conjunta, a fim de alcançarem um objetivo comum, ou seja, a cooperação é essencial para a sua existência.

Ramos (1998) define organização como um complexo de elementos que se relacionam entre si, resultante e condicionante da ação de diferentes pessoas escalonadas em diversos níveis de decisão, no desempenho de funções que limitam e orientam atividades humanas associadas, tendo em vista objetivos sistematicamente estabelecidos.

Para Chiavenato (2002), o ser humano vive em contínua interação com seus semelhantes. Forma organizações para alcançar objetivos que sozinho não conseguiria, diante das limitações individuais. Dessa forma, essas organizações podem ser entendidas como unidades sociais criadas para atingir objetivos específicos. Entretanto, à medida que esses objetivos são alcançados, ou se descobrem outros meios para atingi-los, elas se reestruturam. Assim, uma organização nunca é uma unidade pronta, mas um organismo social vivo sujeito a mudanças.

A Estrutura Organizacional

As organizações são compostas de atividades humanas, diferentes personalidades, pequenos grupos, intergrupos, normas, valores, atitudes, tudo sob um padrão extremamente complexo e multidimensional.

O mercado, hoje, exige organizações flexíveis, menos burocratizadas e mais inteligentes. Esse novo conceito deve ser o objetivo de todos os que desejam mudar, de todos que estão motivados, com espírito revolucionário, que desejam trazer para dentro de suas empresas novas formas para encontrar alternativas que possam tornar o atual sistema organizacional mais leve, criativo e competitivo.

Segundo Drucker (1998), somente uma missão clara, concentrada e comum pode manter unida a organização e capacitá-la a produzir resultados. Sem essa missão, a organização em pouco tempo perde sua credibilidade. É necessário que a empresa avalie e julgue a si mesma quanto ao seu desempenho em relação a seus objetivos e suas metas.

Um novo modelo de gestão deve ser perseguido, pois a burocracia não serve mais. A organização que conseguir interagir com todo o sistema desfrutará de uma significativa vantagem competitiva.

As Diferentes Eras da Organização

De acordo com Chiavenato (2002), no decorrer do século XX, as organizações passaram por três fases distintas: a era da industrialização clássica, a da industrialização neoclássica e a era da informação.

- **Era da Industrialização Clássica:** Entre 1900 e 1950. Representa um período de meio século de intensificação do fenômeno da industrialização, que se iniciou com a Revolução Industrial. Nessa fase, a estrutura organizacional típica caracterizou-se por formato piramidal e centralizador, departamentalização funcional, modelo burocrático, centralização das decisões no topo, estabelecimento de regras e regulamentos internos para disciplinar e padronizar o comportamento dos participantes.

Chiavenato (2002) relata que, nesse período, a cultura organizacional predominante era voltada para o passado e para a conservação das tradições e dos valores tradicionais ao longo do tempo. As pessoas eram consideradas recursos de produção, juntamente com outros recursos organizacionais, como máquinas, equipamentos e capital, dentro da concepção dos três fatores tradicionais de produção: natureza, capital e trabalho.

- *Era da Industrialização Neoclássica:* De 1950 a 1990. Iniciou com o final da Segunda Guerra Mundial, quando o mundo começou a apresentar profundas reformas. As mudanças passaram a ser mais rápidas, mais intensas e pouco previsíveis. As transações comerciais passaram da amplitude local para a regional, da regional para a internacional e tornaram-se gradativamente mais intensas. A competição entre as empresas ficou mais acentuada. O velho modelo burocrático e funcional, centralizador e piramidal, utilizado para formatar as estruturas organizacionais, tornou-se inflexível e vagaroso demais para acompanhar as mudanças que ocorriam no ambiente.

Conforme Chiavenato (2002), nesse período, as organizações tentaram novos modelos de estrutura que pudessem proporcionar-lhes mais inovação e melhor ajustamento às novas condições. A tecnologia passou por um intenso desenvolvimento e começou a influenciar poderosamente a vida nas organizações e as pessoas que delas participavam.

- *Era da Informação:* Teve início por volta do ano 1990. É a época que se vive atualmente. Sua característica principal são as mudanças, que se tornaram rápidas, imprevistas, inesperadas. Chiavenato (2002) esclarece que a tecnologia trouxe desdobramentos completamente imprevistos "e transformou o mundo em uma aldeia global".

Nesse período, a informação passou a cruzar o planeta em milésimos de segundos, e a tecnologia da informação provocou o surgimento da globalização da economia: a economia internacional transformou-se em economia mundial e global. Como conseqüência, a competitividade tornou-se mais intensa entre as organizações.

Segundo relato de Chiavenato (2002), o mercado de capitais passou a migrar volatilmente de um continente para outro em segundos, à procura de novas oportunidades de investimentos, ainda que transitórias. A estrutura organizacional em matriz tornou-se insuficiente para dotar as organizações de agilidade, mobilidade, inovação e mudança necessárias para suportar as novas ameaças e oportunidades dentro de um ambiente de intensa mudança e turbulência. Os processos organizacionais tornaram-se mais importantes que os órgãos que constituem a organização. Os órgãos (sejam departamentos, sejam divisões) tornaram-se provisórios e não-definitivos, os cargos e funções passaram a ser constantemente definidos e redefinidos em razão das mudanças no ambiente e na tecnologia, os produtos e serviços passaram a ser continuamente ajustados às demandas e às necessidades do cliente, agora dotados de hábitos mutáveis e exigentes.

A Organização como Sistema Social

Uma organização é uma entidade social composta de pessoas que trabalham juntas e deliberadamente estruturadas em uma divisão de trabalho para atingir um objetivo comum. As tarefas são divididas entre seus membros, e a responsabilidade pelo seu desempenho é atribuída a cada um deles.

Para Fleury (*apud* Fleury & Fisher, 1996), é importante construir uma biografia organizacional, recuperando na história da organização os elementos responsáveis pela elaboração de sua identidade. Isso possibilita analisar e interpretar os elementos simbólicos presentes na vida organizacional, propiciando, assim, material importante para a compreensão dos padrões de relações de trabalho.

As organizações não podem ser entendidas se ignoradas as suas histórias, a origem social. É fundamental o papel da biografia da instituição no processo de entendimento de seu desenvolvimento, por meio de estudos de casos históricos. A cultura da organização se ajusta às peculiaridades das culturas locais e nacionais de cada país em que a empresa atua (Chiavenato, 1999).

Analisar as representações sociais e adotar uma visão cultural das organizações permite interpretar as práticas e perceber os valores subjacentes que lhes dão sentido.

De acordo com Chanlat (1996), os modelos refletem a dinâmica de um contexto cultural, que molda um sistema de normas e de atitudes organizacionais, que são identificadas através da mentalidade e do comportamento das pessoas.

A Organização como Sistema Aberto

Conforme Chiavenato (2002), sistema é um conjunto de elementos dinamicamente relacionados que desenvolvem uma atividade para atingir determinado objetivo ou propósito. Todo sistema opera sobre matéria, energia ou informação obtidas do ambiente, que constituem os insumos ou entradas de recursos necessários para que este possa operar. Esses recursos são processados pelas diversas partes do sistema e transformados em saídas ou resultados para serem devolvidos ao ambiente. Assim, um sistema é constituído por quatro elementos essenciais: entrada, processamento, saída e retroação (ou *feedback).*

O sistema aberto tem uma variedade enorme de entradas e saídas com relação ao ambiente externo. Estas não são bem conhecidas e suas relações de causa/efeito são indeterminadas. Por essa razão, o sistema aberto é também chamado de sistema orgânico. O melhor exemplo de sistema aberto são as organizações em geral, todos os sistemas vivos e o homem. O sistema não é somente aberto em relação ao seu meio ambiente, mas também em relação a si mesmo, o que faz com que as interações entre componentes afetem o sistema como um todo. O sistema aberto adapta-se ao seu ambiente mudando a estrutura e os processos de seus componentes internos.

Objetivos Organizacionais

De acordo com Samuel Certo (1993), os objetivos fornecem o fundamento para o planejamento, a organização, a motivação e o controle. Sem metas e sua comunicação efetiva, a empresa pode tomar qualquer direção. Esses objetivos devem ser bem elaborados para não comprometer todo o processo do planejamento já iniciado.

Os objetivos organizacionais precisam ser traçados no curto, médio e longo prazos e deve-se usá-los como base para a tomada de decisões na empresa. Peter Drucker (1998) orienta que não se deve ter apenas um objetivo organizacional, mas diversos objetivos: conseguir o cliente X, diminuir os custos, aumentar a participação no mercado, entre outros que estejam em harmonia com a missão e a visão de sua empresa.

Ao estabelecer de forma correta as diretrizes organizacionais e comprometer-se com a implementação dessas diretrizes, a empresa estará muito mais preparada para enfrentar as dificuldades que poderão surgir.

Conceituando Eficiência e Eficácia

Esses dois termos passaram a fazer parte dos objetivos das organizações atuais e representam as metas funcionais a serem buscadas.

Eficiência é fazer certo; o meio para se atingir um resultado; é a atividade, ou aquilo que se faz.

Eficácia é a coisa certa; o resultado; o objetivo, aquilo para que se faz, isto é, a sua missão!

A definição desses conceitos é muito antiga, mas extremamente atual, pois não compreendê-los ou confundi-los provoca grandes danos à performance e aos resultados.

As diferenças entre esses dois conceitos podem até parecer sutis, mas são extremamente importantes. Drucker (1998) afirma que eficiência é fazer certo as coisas, eficácia são as coisas certas. E complementa: o resultado depende de "fazer certo as coisas certas".

Subsistemas Organizacionais

Níveis Organizacionais

Uma organização enquanto sistema engloba vários componentes e são inúmeros os elementos que nela interagem. É nesse sentido que habitualmente se fala na existência de um conjunto interligado de subsistemas organizacionais.

Segundo Bilhim (2000), torna-se possível identificar cinco subsistemas diferentes, no entanto interdependentes:

- **Subsistema estratégico:** Está relacionado com as metas e os objetivos a que a organização se propõe e também com os meios que utiliza para alcançá-los. A estratégia vai mais além dos objetivos e implica a idéia da existência de um planeamento, a escolha de modalidades de ação, tendo igualmente em linha de conta o processo da tomada de decisão. Guia o comportamento da organização, orienta a utilização de recursos para se atingirem os resultados estipulados nas políticas definidas e constitui, geralmente, tarefa do nível de topo da organização.

- **Subsistema estrutural:** Por estrutura da organização é comum entender-se o conjunto de características ligadas entre si. É possível encontrar características comuns nas inúmeras organizações existentes e integrá-las em tipos ou configurações, querendo com isso referir o modo como os vários elementos internos estão articulados.

- **Subsistema tecnológico:** Designado como o meio de transformar a matéria-prima (humana, simbólica e material) em produtos ou serviços, constituindo as máquinas e os equipamentos/instrumentos, e não a tecnologia em si. Esse subsistema está relacionado com a atividade da organização no que diz respeito ao fluxo de trabalho, aos métodos e saberes de que os grupos são portadores, ou seja, tudo o que é utilizado para processar a atividade que desenvolve. Se as organizações "são pessoas", elas são também "informação, técnicas, processos, equipamentos e saberes".

- **Subsistema de gestão:** É o subsistema que se relaciona com o tipo de gestão predominante, nomeadamente se ele se enquadra em um contexto mais autoritário ou mais participativo. A palavra controle poderá ter vários significados, dependendo da função ou da área em que é aplicada. Segundo Bilhim (2000), um deles é o de função restritiva de um sistema no sentido de manter os participantes dentro dos padrões desejados, evitando o desvio. A forma como as pessoas se identificam com o projeto da organização diz muito sobre o espírito de grupo existente e sobre a forma como as relações interpessoais se processam. Outro aspecto que deve ser considerado é o sistema de comunicação existente, se ele é descendente ou ascendente, se permite ou não participar na decisão, se os seus fluxos são bons ou maus.

Subsistema cultural: Tem sido crescente a preocupação em captar os valores e as lógicas de funcionamento subjacentes à vida organizacional, os quais resultam de um processo mais ou menos longo de socialização e ajustamento mútuo. Esses mecanismos de socialização informam e padronizam os comportamentos e as estruturas organizacionais. Assim, é comum referir-se que a cultura é um fenômeno profundo, que não se muda de ânimo leve, ainda que o homem seja sempre capaz de enfrentar novos processos de aprendizagem.

A cadeia de comando ou estrutura hierárquica da organização determina a separação entre governantes e governados e legitima a cada grupo de governantes a capacidade de tomar decisões e fazê-las serem seguidas. Os títulos atribuídos aos gerentes determinam a quantidade de poder formal exercido por cada um deles. São os níveis organizacionais, descritos a seguir.

Nível Institucional

Carvalho (2004) argumenta que esse é o nível administrativo mais elevado da organização. É constituído pelo presidente e pelos diretores que compõem a alta administração e tomam as principais decisões da organização. Nas grandes organizações, existe o Conselho Administrativo, que determina o que o presidente e a direção devem fazer. O nível institucional é o mais periférico, pois está em contato direto com o ambiente externo, com o mundo que rodeia a organização; é também o nível que recebe o impacto das mudanças e pressões ambientais. Tem ainda o nome de nível estratégico, pois é o responsável pela definição do futuro do negócio como um todo. Nesse nível, o administrador deve possuir uma visão estratégica, para definir a missão e os objetivos fundamentais do negócio.

Nível Intermediário

É o nível administrativo que articula internamente o nível institucional com o nível operacional da organização. Carvalho (2004) afirma que esse é o nível do meio do campo e é composto pelos gerentes. Recebe o nome de nível gerencial ou tático. Funciona como uma camada amortecedora dos impactos ambientais, pois recebe as decisões globais tomadas no nível institucional e as transforma em programas de ação para o nível operacional. Interpreta a missão e os objetivos fundamentais do negócio, traduzindo-os em meios de ação cotidiana para que o nível operacional possa transformá-los em execução. Nesse nível, o administrador deve possuir uma visão tática.

Nível Operacional

Nas palavras de Carvalho (2004), é o nível administrativo mais baixo de todos. É o mais íntimo da organização e constitui a base inferior do organograma. É o que administra a execução e a realização das tarefas e das atividades cotidianas. Nesse nível, o administrador deve possuir uma visão operacional. Recebe o nome de supervisão de primeira linha, pois tem contato direto com a execução ou operação, que é realizada pelos funcionários não-administrativos e pelos operários, que se incumbem da realização das tarefas e das atividades rotineiras do dia-a-dia da organização.

Gestão de Recursos Humanos nas Organizações

Minucci (2002) relata que o grande capital da empresa são as pessoas, que devem estar sadias, aptas, equilibradas e motivadas. Portanto, há muitos desafios para o mundo empresarial, e um deles está relacionado com a necessidade de uma força de trabalho saudável, motivada e preparada física, mental e emocionalmente para enfrentar a extrema competição e os conflitos existentes nos dias de hoje, tornando-a mais produtiva e criativa. Outro desafio é a necessidade de segurar os talentos e responder à demanda de seus funcionários quanto à qualidade de vida, pois as pessoas estão mais atentas ao próprio estilo de viver e questionam mais seus hábitos.

Qualidade de vida implica mudança interna e conscientização, para que se estabeleça maior equilíbrio entre vida profissional e realização pessoal e, como conseqüência, relacionamento interpessoal.

Para maior esclarecimento sobre o assunto, inicialmente se faz necessário tecer alguns conceitos sobre relacionamentos.

O fator humano está sendo deixado em segunda, terceira ou quarta opção; para algumas empresas, poder-se-ia afirmar que é visto sob uma perspectiva de engrenagem, em outras palavras, comparado com uma máquina. Ao olhar todos os setores da vida moderna, verifica-se que o homem já não pode trabalhar sozinho. A divisão do trabalho e a especialização cada vez maior o tornam dia-a-dia mais dependente de seu grupo e, conseqüentemente, dos indivíduos que o compõem.

Certos empreendimentos fracassam, apesar de disporem de instalações materiais ideais, da mais perfeita aparelhagem, porque a equipe falhou, embora, inicialmente, trabalhasse com entusiasmo. O fracasso pode advir à medida que surgem dificuldades de ordem pessoal, desentendimentos, falta de disciplina e ciúmes. É mera ilusão pensar que a vida em grupo consiste, simplesmente, em juntar indivíduos com a finalidade de atingir um objetivo comum.

Howard (2000) relata que, como seres sociais por excelência, os homens se relacionam, uns mais, outros menos, mas todos convivem com os outros, inter-relacionam-se. Uns com facilidade, outros encontram dificuldades. Uns adocicam o relacionamento com um grande sorriso e palavras de amor. Outros o envenenam com manifestações ranzinzas ou atitudes de medo, desconfiança e pensamentos negativos. A conquista do sucesso depende de cada um, o importante não é só relacionar-se, mas relacionar-se bem.

Portanto, o relacionamento é considerado como necessidade de compartilhar, englobando as necessidades sociais e de estima, cuja satisfação está na interação com outras pessoas. A direção que leva a se manter boas relações humanas deve ter por base o respeito com o próximo, saber relacionar-se respeitando as diferenças e as individualidades uns dos outros. O respeito gera ótimos relacionamentos humanos repletos de sentimentos de prestígio e admiração.

Pensa-se positivo e deseja-se sinceramente ser bem-sucedido. As boas relações humanas não dependem da sorte, mas do uso correto da maneira de pensar e agir. A reflexão madura e equilibrada ajudará a corrigir erros e a retomar atitudes inteligentes, geradoras de êxito.

Ao se defrontar com alguém que lhe é simpático, com idéias similares, logo o indivíduo deixa aflorar um sorriso, mostrando-se receptivo e amigável, aquecendo as relações humanas. Os bons relacionamentos proporcionam momentos agradáveis, relaxantes, que amenizam problemas da vida dos envolvidos.

Segundo Novais (2002, pp. 29-31),

> a psicologia das relações humanas evoluiu com o próprio homem. Da eficiência do relacionamento humano dependem a paz e a guerra entre os povos, e até os próprios desníveis sociais, tão dolorosos na atualidade. [...] Boas relações humanas constituem a chave que

abre todas as portas do êxito na vida. Boas relações granjeiam amigos, melhoram as perspectivas de negócios e rumos e nos deixam felizes e satisfeitos.

Nos dias atuais, o ser humano já possui a consciência de que é o responsável por assegurar o seu próprio êxito. São necessárias atitudes de educação e consideração pelo nosso semelhante, mesmo vivendo em uma realidade competitiva, pois quando se relaciona assegura definitivamente o êxito nas relações humanas.

Segundo Novais (2002, p. 50),

> todos podem aprender a lidar melhor com as pessoas, e procurar entendê-las melhor e com isso aumentar o êxito de nossos negócios e de nossa atividade profissional. Aos poucos nossa habilidade, dirigida por um pensamento equilibrado e criativo, irá crescer, firmar-se mais e mais, até amadurecer. Todos sabem que a maturidade é um processo evolutivo lento que até pode durar a vida inteira. O poder da mente, posto em prática, nos torna bons observadores e nos convencerá que um elogio faz vibrar as pessoas quando dado com alegria e sinceridade. Descobrir boas qualidades em alguém pode mudar toda uma vida. Otimismo e confiança no trabalho podem revolucionar rapidamente uma empresa, impelindo-a para o sucesso.

O ser humano, por possuir sensibilidade, é capaz de perceber, em um relancear de olhos, quando, nas suas relações, convém tornar menos densos ambientes tensos, usando a criatividade em relacionamentos interpessoais, com uma pitada de bom humor, ou transmitir palavras e gestos que despertem o otimismo em seres que estão carregados de angústias e preocupações.

Para Minicucci (2002, p. 18), o termo relações humanas tem sido empregado, com freqüência, para referir-se às relações interpessoais.

Minicucci (2002, p. 21) define as relações humanas da seguinte forma:

> As relações humanas têm sido estudadas como uma ciência – a ciência do comportamento humano, no seu relacionamento intra e interpessoal.[...] As relações humanas ou interpessoais são eventos (acontecimentos) que se verificam no lar, na escola, na empresa. Quando há conflito no relacionamento interpessoal, diz-se que há problemas de Relações Humanas.

Para Novais (2002, p. 31), "as relações humanas se confundem com a própria vida. Quem vive se relaciona. Bem ou mal, de forma estúpida ou inteligente, violenta ou pacífica, criando imagem positiva ou negativa. Relacionar-se é comunicar-se".

Gestão de Pessoas e o Novo Ambiente Organizacional

Antunes (1995, p. 121) relata que, para Marx, a importância do trabalho na vida das pessoas é central. O trabalho é uma ação que transforma a realidade e propicia alteração da visão que o homem tem de si e do mundo; "é a partir do trabalho, em sua cotidianidade, que o homem torna-se ser social, distinguindo-se de todas as formas não humanas".

Em observações informais no dia-a-dia das empresas, verifica-se a dificuldade de comunicação e de relacionamento entre colegas, impedindo o bem-estar do indivíduo dentro das organizações.

De acordo com Novais (1992, p. 165),

> as relações humanas no trabalho não devem apenas mirar lucros, dinheiro ou bens materiais. As boas relações humanas também visam a atingir a riqueza do espírito. E só o pensamento lúcido e equilibrado pode criar o clima de compreensão e bondade, em que ocorrem ou deveriam ocorrer todas a relações humanas, também as relações humanas no trabalho.[...] Trabalhar, muitos trabalham. Ter êxito no trabalho, nem todos conseguem. Relacionar-se bem no trabalho é uma ciência e uma arte. Ciência que nem todos aprendem a pôr em prática. Arte, porque requer a sensibilidade de perceber o que podemos e devemos fazer nas circunstâncias mais diversas.

Com as mudanças no mundo do trabalho, o ser humano é impulsionado a rever sua postura e qualificação diante dele. Exige-se o tempo todo enriquecer os conhecimentos, para se ter empregabilidade e adaptar-se ao mercado cada vez mais exigente. O mercado busca homens polivalentes com multifuncionalidade; não basta ser especialista, é preciso ter respostas a tudo. Tem que continuar estudando na sua área e também as correlatas.

Bergamini (1999) afirma que a organização pode ser entendida como uma realidade social, integrada por diferentes pessoas, que se comportam realizando atividades, isto é, trabalham, no sentido de produzir um resultado final comum, ou seja, atingir os objetivos do empreendimento. [...]

Pensando a organização nesses termos, pode-se considerá-la como um contexto em que o entendimento da interação entre tantas dinâmicas comportamentais diferentes se torna não só necessário, como também imprescindível para se concluir sobre possíveis desvios na consecução dos objetivos empresariais, assim como entender os sintomas da saúde ou doença organizacional.

O caminho mais rápido na construção da imagem positiva da empresa é o trabalho de relações humanas com todos os integrantes da organização, desde o empregado que exerce uma tarefa mais braçal até os diretores e presidente da empresa.

Moscovici (2004, p. 34), ao contribuir sobre o assunto, esclarece que as relações interpessoais

> desenvolvem-se em decorrência do processo de interação.[...] Em situações de trabalho, compartilhadas por duas ou mais pessoas, há atividades predeterminadas a serem executadas, bem como interações e sentimentos recomendados, como: comunicação, cooperação, respeito, amizade. À medida que as atividades e interações prosseguem, os sentimentos despertados podem ser diferentes dos indicados inicialmente e, então – inevitavelmente –, os sentimentos influenciarão as interações e as próprias atividades. Assim, sentimentos positivos de simpatia e atração provocarão aumento de interação e cooperação, repercutindo favoravelmente nas atividades e ensejando maior produtividade. Por outro lado, sentimentos negativos de antipatia e rejeição tenderão à diminuição das interações, ao afastamento, à menor comunicação, repercutindo desfavoravelmente nas atividades, com provável queda de produtividade.

Estabelecer melhores relações humanas com os colegas está diretamente relacionado com a satisfação do trabalho, ou seja, quem gosta do que realiza, sente-se melhor, vibra com o que faz. Quem não gosta do que faz, trabalha desgostoso, e a sua insatisfação íntima dificulta um bom relacionamento, pois, certamente, esse trabalhador vai estar desmotivado, mal-humorado, o que impedirá que os colegas mantenham um bom relacionamento com ele.

Segundo Novais (1992, p. 168),

> um trabalho bem-feito dá gosto. Anima, encoraja. Impregna de otimismo a quem o faz. Cria as asas do progresso. Contagia os outros. Provoca um inter-relacionamento melhor, em que a vontade de

crescer e as vantagens de mais conforto e de um nível de vida mais elevado começam a despertar também entre todos os que se relacionam no mesmo trabalho.[...] Quem trabalha com amor cria amigos. Relaciona-se bem. O amor sempre construiu as amizades duradouras. Quem pensa e repensa o seu trabalho com amor, acaba fazendo com amor o que pensa.

Administradores eficazes têm de ser capazes de compreender e de lidar com dificuldades técnicas e econômicas, mas, também, ser capazes de compreender e lidar com pessoas. Isso porque, aprendendo a relacionar-se profissionalmente de forma correta, é possível evitar muitos problemas nos ambientes de trabalho.

Vale lembrar, ainda, que cada gerente da empresa também é um gerente de Recursos Humanos, na medida em que ele, direta e continuamente, interage com sua equipe de trabalho. Sendo assim, cada gerente é responsável pela administração do capital humano. Este, independentemente de sua área de atuação, deve liderar sua equipe, recrutar e treinar o seu pessoal e, ainda, comunicar e orientar o curso das ações, avaliar o desempenho de cada funcionário, propor mobilizações, etc.

Oliveira (1997, p. 127), ao se referir a esse respeito, diz que

> as empresas são as pessoas. Se os dirigentes empresariais desejarem empresas altamente adaptáveis ao terceiro milênio devem repensar as noções de ambiente emocional e afetivo, valorizando a saúde, a qualidade de vida, emoção, amor, solidariedade, respeito e amizade como fatores fundamentais de crescimento produtivo nas organizações do futuro.[...] Humanizar as organizações é um dos grandes desafios do terceiro milênio.

Nesta era do capital humano, o conhecimento e o aperfeiçoamento estão em alta, porém esses quesitos só não bastam. É preciso que sejam colocados em prática, pois são as ações provenientes do conhecimento que gerarão as soluções de que se necessita. Resultados são conseqüências do poder de criar soluções para os problemas ou desafios que são apresentados. O conhecimento não deve ser uma barreira para o relacionamento.

Bergamini (1999), sobre esse aspecto, afirma que o ambiente organizacional é caracterizado pela interação pessoa x trabalho. Seu conhecimento se dá pela observação de como as pessoas se relacionam formal e informalmente e como se dá a relação homem x máquina.

Trabalho bem-feito cria satisfação íntima, boas emoções, estabilidade e conforto. As pessoas trabalham com ânimo e vontade de se desenvolverem mais, visto que trabalho requer planejamento, controle e realização perfeita.

Novais (2002, p. 68) ainda vem contribuir quando afirma que quem está satisfeito e mostra uma relação de amor com seu trabalho faz as atividades a ele delegadas com mais capricho e esmero. Mostra felicidade com a atividade que realiza, pois sabe que muitos vão admirá-lo. "Quem ama o trabalho se aperfeiçoa cada vez mais. Inventa coisas novas, novas técnicas e métodos novos." Usa a criatividade descobrindo coisas novas, como caminhos, formas, embalagens. Mostra um relacionamento mais afável, satisfeito. "A felicidade criativa lhe brilha nos olhos e o sorriso lhe ilumina o rosto. Os colegas participam de sua alegria e todos vibram e se relacionam melhor."

O respeito e a consideração são requisitos básicos para a obtenção de relacionamentos positivos, pois o ser humano é um ser pensante, com sentimentos que se refletem em sua maneira de agir e reagir perante as atitudes que tem e terá com os outros. Todos os dias podem ser iniciadas ou reiniciadas boas relações humanas no trabalho e na vida, em uma eterna busca de perfeição.

Tudo o que o público interno pensa e sente a respeito da empresa se expressa naturalmente na convivência do dia-a-dia. Organizações com bom ambiente de trabalho, em que as pessoas se relacionam de forma harmoniosa, têm repercussões positivas no aumento da qualidade e da produtividade de seus serviços prestados.

Bergamini (1999, p. 50) diz que se relacionar com as pessoas que fazem parte das mesmas organizações deixou de ser atividade de simples bom senso, de "jogo de cintura". Afinal, atualmente investe-se em um caráter administrativo sistemático, com técnicas especiais capazes de diagnosticar situações que realmente merecem atenção especial,

> planejar um curso de ação que seja adequado tanto para a organização quanto para as pessoas; implantar medidas para evitar pressões e conflitos; e, finalmente, proceder ao controle da eficácia de tais medidas no decorrer do tempo, para que qualquer modificação de curso de ação necessária seja feita a tempo.

Ao valorizar as pessoas que trabalham juntas, far-se-á com que se relacionem melhor umas com as outras e trabalhem com mais eficiência. Mostrar interesse no desempenho de cada uma, orientá-las quando necessário, ouvi-las com paciência, tudo isso pode transformar-se em um amplo sistema de cooperação, em que a interação passa a ter características de estímulo e crescimento em grupo.

Portanto, é importante valorizar as pessoas quando se opta por um bom planejamento, para que o trabalho se torne bom e definitivo, procurando ajudá-las na solução de seus problemas ou evitando que estes venham a acontecer.

O diálogo é a melhor forma de manter bons relacionamentos, tanto pessoais e afetivos quanto profissionais, pois, através do diálogo, o ser humano se faz entender mutuamente e identifica as idéias semelhantes, ou seja, afinidades de objetivos.

O diálogo inteligente, construtivo, agradável é a melhor maneira de se vender idéias e produtos. Para que o diálogo seja efetivo, é imprescindível que se saiba ouvir. Administrar este início de contato tão tenso é função de profissionais bem preparados, que sabem e valorizam esse momento nas relações pessoais.

Dialogar e ouvir o outro, valorizar os colegas, querer sinceramente o bem de cada um, contribuir de forma eficaz para o crescimento do próximo, eis uma receita eficaz para o bom relacionamento humano.

Mudança no Sistema de Trabalho

Da mesma forma que ocorreram as mudanças dos modelos organizacionais de acordo com o processo evolutivo do modo de produção, as formas de participação do trabalhador no processo de trabalho também evoluíram, de acordo com a necessidade de adequar melhor a produtividade em relação ao empregado.

Guimarães (1999) e Silva Filho (1995) analisam que é quase impossível estabelecer um conceito de participação, mas que existem maneiras e propostas de interpretá-la no processo de trabalho. No entanto, ambos objetivam a participação como um instrumento de conquista, de forma que possibilitem ampliar o controle dos trabalhadores sobre as decisões e o método de trabalho.

Para Guimarães (1999), quatro são as diferentes correntes e ideologias que conferem às origens os referenciais teórico-conceituais e as bases ideológicas que estão associadas à participação. São elas:

- **Gerencialista**: Tem como base teórica a escola de relações humanas, e como estratégia organizacional, a administração participativa, isto é, essa corrente considera a participação dos trabalhadores como um meio de atingir a eficácia organizacional, em que as pessoas são instrumentos para a consecução dessa eficácia. E a participação é utilizada como um meio de aumentar a satisfação do empregado e reduzir a resistência à mudança, também visando a eficácia organizacional.

- **Psicólogos humanistas**: Têm como base as teorias psicológicas da motivação humana (Maslow, Argyris, McGregor), associada à ideologia dos recursos humanos. Essa corrente se preocupa essencialmente com os efeitos do trabalho sobre o desenvolvimento pessoal e a saúde do trabalhador, e tem como objetivo central a eficácia máxima dos resultados organizacionais.

    Guimarães (1999) destaca que esta última corrente não difere da anterior, pois as duas tendem "à manipulação do trabalhador para atingir a eficácia máxima dos resultados organizacionais".

- **Democratas clássicos**: Têm como base teórica as teorias democráticas clássicas (Rosseau, Tacqueville, S. Mill) e está associada à ideologia democrática. Essa corrente propõe novas relações de trabalho cooperativo e de igualdade, através da prática contínua da participação.

    Segundo Guimarães (1999), nessa corrente "há uma espécie de sabedoria coletiva que predomina na sociedade: as pessoas são capazes de tomar decisões inteligentes e eficazes e, individualmente, têm interesse e responsabilidade pelo bem-estar pessoal e coletivo".

- **Esquerda participativa**: Baseia-se nas correntes marxistas não-leninistas (Gramsci e seguidores) e está associada à ideologia socialista. Defende que a participação não se restringe somente às questões relacionadas diretamente com as situações de trabalho, mas também deve ser ampliada a todas as esferas da vida pessoal.

A partir dos referenciais teóricos que originaram as diversas bases e tipos de participação, Guimarães (1999) descreve que eles estão sintetizados em três propostas: a da democracia industrial, a da administração participativa e da qualidade de vida no trabalho.

A Organização Virtual

A introdução de novas tecnologias e a formação profissional e educacional dos trabalhadores faz com que o controle das atividades possa ser exercido em níveis mais baixos, mais próximos dos acontecimentos, em que as ações são executadas efetivamente. Assim, organizações mecânicas e inflexíveis sustentadas pela burocracia não são aceitas.

Druker (1998) destaca que os desafios de hoje requerem organizações inteligentes, baseadas no conhecimento contínuo. O mundo já não aceita mais trabalhadores não qualificados e organizações hierarquizadas. Ao tomar o lugar da burocracia, a organização inteligente consegue ampliar a participação das pessoas nas decisões dos problemas, bem como na canalização da inteligência dos indivíduos e apoio aos seus objetivos.

Produtividade e Qualidade

Falar em qualidade é entrar no campo da abstração; esse é um conceito complexo, com várias definições que pertencem ao universo ideológico. A origem da expressão "qualidade" surge no momento em que as pessoas se conscientizam dos efeitos indesejáveis que o desenvolvimento industrial e econômico tem provocado. É uma expressão de origem recente que adquire importância social e passou a ser "moda" nesses últimos 25 anos. A questão da qualidade ganha conotações políticas e seu uso passa a ter múltiplos significados.

O termo "qualidade de vida" para as indústrias nos anos 1930 e 1940 se transformou em métodos e técnicas específicas para determinar o nível de qualidade dos produtos manufaturados. O controle de qualidade passa a ser básico na política das empresas. Katz (1997) relata que "qualidade de vida", muitas vezes, está relacionada com os problemas ambientais e a deterioração das condições de vida que são provocados pela industrialização incontrolada que desagrega o ambiente e a vida.

Katz & Kanh (1997) partem da afirmativa de que já existem informações, técnicas e metodologias na organização para serem utilizadas na construção do conhecimento estratégico, mas que as organizações não estão conseguindo sobreviver no mercado globalizado. Isso torna necessário apresentar estudos para aplicação prática da gestão estratégica de pessoas nas organizações do conhecimento, respondendo à seguinte questão: Como a gestão estratégica de pessoas altera o comportamento profissional das organizações do conhecimento?

O autor supracitado ainda relata que, nos Estados Unidos, após a Segunda Guerra Mundial, o termo começa a ser utilizado com o objetivo de descrever aquisição de bens materiais na vida das pessoas. Depois, os economistas e sociólogos buscam encontrar índices que permitam avaliar a "qualidade de vida" dos indivíduos e das sociedades.

O conceito "qualidade de vida" vem-se ampliando, passando a significar desenvolvimento social, em que as pessoas têm acesso à educação, à saúde, à moradia, ao transporte, ao trabalho e ao lazer. Os indivíduos acompanham esse conceito, incluindo esperança de vida, mortalidade infantil, nível de produção, qualidade do transporte e muitos outros.

Quando a empresa começa a perceber que seu diferencial são as pessoas, passa a haver preocupação com o desenvolvimento e o fortalecimento das relações entre elas. A partir do momento em que o crescimento organizacional está atrelado à satisfação das pessoas no ambiente de trabalho, a criação de meios de comunicação começa a ser pensada de melhor forma.

Estudos revelam que existem indicadores biológicos, psicológicos, sociais e organizacionais que precisam ser atendidos para que o funcionário tenha a percepção exata da satisfação em estar no ambiente de trabalho.

Segundo Chiavenato (2002), a qualidade de vida no trabalho passou a ser uma preocupação quase obsessiva das empresas bem-sucedidas. Elas chegaram à conclusão de que a qualidade de seus produtos e serviços é fortemente condicionada pela qualidade de vida, seja no trabalho, seja fora dele, das pessoas que o produzem.

De maneira geral, as novas políticas de Recursos Humanos, que depois de terem se desenvolvido no Japão e nos Estados Unidos e tornado modelo dominante na Europa, estão também invadindo o Brasil. Apesar de suas pretensões teóricas, fundamentadas em um corpo de doutrinas e princípios que podem modificar a compreensão das organizações modernas, em alguns casos, podem, também, evidenciar uma remodelagem de conceitos, visando uma dependência das pessoas e uma diminuição do espírito crítico.

Lima (1995) relata que ainda são raras as empresas brasileiras que oferecem aos seus empregados vantagens materiais ou mesmo psicológicas, comparadas às grandes empresas que investem maciçamente na gestão participativa, oferecendo altos salários, maiores possibilidades de formação e carreira, estabilidade no emprego, assistência médica, social e psicológica. Ao contrário, as condições de trabalho que, em geral, o trabalhador brasileiro enfrenta são bastante precárias, e as políticas de Recursos Humanos praticadas pela maioria das empresas permanecem fiéis aos modelos tradicionais.

As empresas que estão investindo em qualidade de vida no trabalho e em gestões mais democráticas e participativas podem ser consideradas pioneiras nesse "processo de humanização", já há tanto tempo discutido por diversos teóricos. Mas, por outro lado, não se pode deixar de dizer que esses empresários foram bastante hábeis para encontrar medidas que satifazem a todos os "parceiros", assegurando e favorecendo, dessa forma, a rentabilidade crescente na empresa. Se, por um lado, isso melhorou as condições de trabalho dos funcionários, por outro, só ocorreu porque estavam em jogo interesses econômicos, políticos e sociais.

Novas Tecnologias e Novos Modelos de Gestão

Hoje não existem fronteiras para a informação. As novas tecnologias da informação e da comunicação estão modificando nosso jeito de trabalhar, de aprender, nossos conceitos de tempo, espaço e comunidade, e a forma como se educam os filhos e se divertem. Começa a nascer um novo mundo paralelo ao nosso, o virtual, onde o espaço físico, a geografia, a identidade e a cultura de povos parecem não existir ou ter importância.

Vivemos em uma economia em que os negócios tornam-se progressivamente mais dependentes de informações. Presenciamos a passagem de uma sociedade industrial, na qual os recursos estratégicos são o capital, para uma sociedade de informação, na qual tais recursos são a informação. Esta passa a ter valor econômico, pois possui um custo para ser produzida, e as pessoas estão dispostas a pagar por ela. O conhecimento é produzido em massa, e a interação entre as pessoas aumenta geograficamente. Nesta nova sociedade da informação, todas as ocupações ligadas à informação continuarão a crescer por um longo tempo.

Com relação ao impacto desse fato sobre as organizações, a informação é a principal força de nossa economia hoje e vai ter uma influência cada vez maior no modo como nos organizamos, como administramos e como estabelecemos as regras para empresas de sucesso no futuro.

O atual desenvolvimento tecnológico da informática proporciona uma nova possibilidade de paradigma para as estruturas das organizações e faz surgir as condições para a organização virtual. Essas organizações são o novo modelo organizacional, que utiliza a tecnologia para unir de forma dinâmica pessoas, bens e idéias sem, todavia, ser necessário reuni-las em um mesmo espaço físico e/ou ao mesmo tempo. A organização virtual pode ser entendida como aquela que aprofunda fortemente suas parcerias e terceirização, ou aquela em que uma larga parcela de seus funcionários trabalha num determinado lugar e se comunica com o escritório, situado em outro local, através de um computador pessoal, equipado com *modem* e *software* de comunicação.

As organizações virtuais começam a crescer e a se fortalecer, mesmo sem apresentar o mesmo formato, na sua grande maioria, das organizações tradicionais: aquelas que estamos acostumados a ver, com grandes estruturas físicas, complexos sistemas de produção, grande número de pessoal, enfim, uma empresa, de "tijolos" e "ferragens" ou de "carne e osso". As facilidades de microprocessamento criariam a possibilidade de se organizar sem a exigência de uma organização em termos físicos. Essa afirmação veio a ser comprovada com o surgimento das organizações virtuais. Peter Drucker (2002) considera que as empresas terão como uma de suas regras levar o trabalho até onde as pessoas estão, em vez de levá-las até o trabalho.

Aspectos Sociais nas Organizações

Nos inúmeros estudos feitos e conceitos propostos para caracterização da organização, existem certos elementos comuns indispensáveis para que se possa falar na sua existência. Como diz Shein (1982, p. 10): "Uma organização é a coordenação planejada de atividades de uma série de pessoas, para a consecução de algum propósito ou objetivo comum, através da divisão de trabalho e função e através de uma hierarquia de autoridade e de responsabilidade".

Portanto, a organização é uma entidade social formada por pessoas, por coordenação e por objetivos, por divisão de trabalho e por hierarquia de trabalho, por pessoas que interagem entre si. Sem elas, a organização não teria razão de existir. Coordenação decorrente do fato já mencionado de que o indivíduo sozinho não consegue satisfazer todas as suas necessidades, por isso criam-se relações de cooperação entre as pessoas.

Através dessa coordenação são estabelecidas metas, tendo em vista a realização de determinados objetivos comuns. Quanto à divisão de trabalho, tem-se a distribuição entre os membros das diferentes unidades organizacionais que a compõem, das várias funções existentes e tarefas a realizar; e quanto à hierarquia de autoridade, tem-se a existência de uma estrutura hierárquica que define posições e categorias. É a forma mais típica de integração nas organizações e visa a assegurar a coordenação entre as partes, através da atribuição de áreas de responsabilidade a cada elemento, para que trabalhem em prol dos objetivos estabelecidos.

As organizações resultam da necessidade de coordenação de determinadas atividades de um grupo de pessoas, com a finalidade de atingir objetivos comuns. Elas influenciam a sociedade em que se inserem e são elas próprias influenciadas pela maneira de pensar e agir dos elementos que as formam – as pessoas. São, segundo Drucker (2002, p. 141), "um sistema de atividades cooperativas", em que se poderá destacar a importância da cooperação, na qual o processo de comunicação e a motivação exercem um papel fundamental. As pessoas são o principal agente e, sendo a cultura, e por conseqüência a cultura organizacional, um processo social e humano, elas fazem parte do processo natural que constitui a empresa.

A Nova Organização e a Gestão de Pessoas

Dutra (2001), ao tratar da gestão de pessoas com base em competências, informa que "a maneira de gerir pessoas sofreu grandes transformações nos últimos vinte anos". O autor prossegue o raciocínio afirmando que há uma grande pressão para que a gestão de pessoas seja orientada para a idéia de desenvolvimento mútuo e que, dessa forma, "a empresa ao se desenvolver, desenvolve as pessoas, e estas, ao se desenvolverem, fazem o mesmo com a organização".

A necessidade de construir na organização unidades de negócio interdependentes, em que seus membros estejam conscientes de processos de gestão por resultados formais, acompanhados de gestão do desempenho (negociados internamente), leva à real efetividade = eficiência + eficácia, instrumentaliza a organização para enfrentar o cenário mencionado no início desta seção.

As organizações adeptas da nova lógica têm necessidade de entender que profissionais cuja retribuição ao trabalho é compatível com o nível de exigência, em relação a resultados, padrões de qualidade e comprometimento, esperam que se concretize a máxima que abriu este texto: a organização tem o desempenho que paga.

Princípios no Modelo de Gestão de Pessoas

> O modelo de gestão de pessoas deve ser compreendido como o conjunto de políticas, práticas, padrões atitudinais, ações e instrumentos empregados por uma empresa para interferir no comportamento humano e direcioná-lo no ambiente de trabalho. (Fischer, 2001, p. 19)

Os valores e princípios que se descrevem a seguir fazem parte de um pacote de habilidades a serem desenvolvidas por profissionais da mediação e nas pessoas que experimentam a mediação. É necessário que o mediador busque interiorizar esses valores que fundamentam toda a sua ação na mediação e que, por outro lado, também precisam desenvolver nos mediados para que mudem seu estado de consciência e suas atitudes. Recorre-se a algumas definições apresentadas no livro "Aulas de Transformação", de Marilu Martinelli (1998).

- ***Justiça***: "Estabelecer a diferença entre o legal e o justo pela ampla análise dos diversos aspectos de uma questão, sem preconceito ou raciocínio viciado é o meio mais correto de ser justo". A eliminação da desordem criada pelas emoções negativas e o redirecionamento das ações em torno de soluções mutuamente satisfatórias facilitam a experiência dos valores da justiça e da paz.

- ***Imparcialidade:*** "Para ser imparcial, é necessário assumir uma postura interior e exterior destacada e eqüidistante das mais diversas situações". Ser imparcial é superar predileções, aversões e prejulgamentos. Como afirmam Folberg e Taylor (1984): "Imparcialidade significa liberdade de prejuízo ou favoritismo, seja através da palavra ou de ação". Implica um compromisso de ajudar todos os envolvidos, e não somente um deles.

- **Neutralidade:** A credibilidade das partes depende do fato de que o mediador não se apresente predisposto a algum resultado predeterminado em favor de uma das partes.

- **Sentido de realidade:** Vencer os próprios e ilusórios paradigmas que criam distorções da visão da realidade, para possibilitar uma melhor compreensão da verdade. O mediador precisa vencer seus próprios obstáculos, para facilitar o processo de revisão nos mediados.

- **Responsabilidade:** "É responder pelas próprias palavras e ações e pelo que lhe foi confiado". Só o ser humano responsável assume as rédeas dos seus problemas, sem culpar terceiros e, assim, pode conhecer-se, modificar-se e modificar sua cultura.

- **Respeito:** O valor básico da mediação é o respeito pelas pessoas e pelos problemas. "Respeitar as leis naturais, os seres e as coisas criadas, com humildade e sabedoria, é vivenciar a não-violência como valor absoluto." Respeitar a privacidade e a individualidade alheias sem julgamentos impulsivos é fruto do reconhecimento da condição humana que a todos torna iguais. Respeito refere-se à não-discriminação das diferenças de raça, opinião, crenças.

- **Compreensão e empatia:** "O medo, o egoísmo e o orgulho erguem barricadas contra a vida e as pessoas, o que resulta em ações agressivas e imagens mentais de constante autodefesa. A identificação com o medo provoca discordância com o mundo, isolamento e sofrimento. É preciso deixar a compreensão guiar nossas palavras e ações". A empatia é entender com a razão e com o coração, o que não significa concordância. Aceitar as razões que levaram alguém a agir de determinada maneira é sair de dentro de nós, de preconceitos, e aceitar os limites de cada um. A compreensão ajuda a viver, no mundo, em um vasto campo de aprendizado.

- **Cooperação:** "É fazer junto, trabalhar em comum. A cooperação fortalece o espírito de grupo e enfraquece a competição e a necessidade de ganhar – mostra que o outro não é adversário, mas companheiro".

- **Confidencialidade:** Todas as informações recebidas durante um processo de mediação precisam ser mantidas, exclusivamente entre as pessoas envolvidas (mediados e mediador). As únicas exceções referem-se a maus-tratos de crianças ou danos drásticos, psicológicos ou físicos a outra pessoa, que precisam ser informados às autoridades competentes.

O conhecimento deve ser compartilhado e não desperdiçado. Sonegar conhecimento é um ato de violência; porém, oferecê-lo àquele que não tem condições de assimilá-lo também constitui uma forma de agressão. Usar adequadamente o conhecimento significa empregá-lo sempre em benefício do próximo e da evolução do homem. Deve ser transmitido sem imposições e dosado conforme a sede do outro, sempre com amor e generosidade. Conhecimento é uma forma de poder. (Martinellii, 1998)

Enfoque Sistêmico

Os aspectos mais relevantes das teorias tidas como "mais recentes" assentam no fato de, progressivamente, ter-se vindo a encarar as organizações como um sistema, que se interagem socialmente e não são fechadas em torno de si próprias. As várias teorias denominadas sistêmicas caracterizam-se essencialmente pela construção de modelos abertos, que se relacionam de forma dinâmica, influenciando-se mutuamente.

A idéia de sistema formou-se pouco a pouco, sendo indicado como seu precursor o estruturalismo enquanto método de estudar a totalidade por meio das suas partes. O seu grande impulsionador foi Bertalanffy cuja teoria irá repercutir-se na abordagem sistêmica das organizações, principalmente após as décadas de 50 e 60. Se as organizações são sistemas, estes são conjuntos de partes (subsistemas) em constante interação, de onde resulta a interdependência de todas elas.

Verifica-se um esforço na compreensão das relações existentes entre e dentro dos subsistemas (componentes da organização) e para estabelecer e revelar as relações existentes entre a organização e os fatores externos, como o ambiente e a tecnologia. Defendem que não existe um único e exclusivo modelo de organização. Afastam-se assim do postulado *the best way* e alegam que cada organização tem que se ajustar às realidades ambientais, as quais se encontram em constante mutação.

Gestão Estrátegica de Pessoas

A gestão estratégica de pessoas deve ficar atenta às mudanças que afetam a dimensão social do trabalho. É preciso que esta se interesse mais pela atmosfera psicológica que envolve a relação entre as empresas e os funcionários. Para tanto, deve dar ao estudo do clima organizacional um lugar de destaque entre as suas principais preocupações, a fim de maximizar a eficácia das organizações.

A área de gestão de pessoas sempre marcou presença mais como uma função voltada para as pessoas que para os negócios. Essa posição trouxe obstáculos à evolução do sistema de Recursos Humanos, comparativamente a outras áreas de atuação da empresa-produção, *marketing*, finanças e informática. A nova filosofia de RH deve ser centrada na análise da organização e não dos indivíduos.

A área gestão de pessoas envolve-se com todo o processo de pessoal, na parte de recrutar/selecionar, pois existe a preocupação em se determinar os objetivos da empresa, considerando o comprometimento do funcionário e a sua realização. Deve-se buscar atingir os seus objetivos pessoais, simultaneamente, com os da empresa.

Deve ser entendida como a administração de pessoal a partir de uma abordagem sistêmica, porque qualquer conjunto de partes unidas entre si pode ser considerado um sistema, desde que as relações entre elas e o comportamento do todo sejam o foco da atenção. Isso porque constitui-se de elementos que de alguma forma interagem entre si e funcionam como uma estrutura organizada.

Segundo Chiavenato (1999), o profissional de Recursos Humanos passou a ser mais desafiado, requerendo-se dele novas habilidades, como a de negociador, bem como maiores conhecimentos referentes a teorias e a técnicas gerenciais. Afinal, as empresas passaram a adotar novas estratégias, como dispensa de pessoal, enxugamento de seus organogramas, diminuição da quantidade de níveis hierárquicos e atribuição de algumas de suas funções a terceiros.

Ao longo do século XX, a industrialização clássica e neoclássica e a era da informação contribuíram com vários tipos de abordagem de como tratar com as pessoas dentro das organizações. A área de Recursos Humanos passou por três etapas distintas: relações industriais, recursos humanos e gestão de pessoas.

Existiam, ainda, os antigos departamentos de pessoal, que faziam com que se cumprisse a exigência legal em relação ao emprego: admissão, assinatura em carteira de trabalho, verificação das horas trabalhadas para o devido pagamento, contagem de férias, advertências, entre outros.

Posteriormente, o departamento de relações industriais assumiu o mesmo papel, acrescentando outras tarefas, como o relacionamento da organização com sindicatos e coordenação interna com os outros departamentos. Os departamentos industriais ficavam direcionados a atividades operacionais e burocráticas, recebendo instruções superiores de como proceder em relação aos funcionários.

Em seguida, foram substituídos pelos departamentos de Recursos Humanos na industrialização neoclássica. Além das tarefas operacionais e burocráticas, desenvolveram funções operacionais e táticas como órgãos prestadores de serviços especializados. Cuidavam de recrutamento, seleção, treinamento, avaliação, remuneração, higiene e segurança do trabalho e de relações trabalhistas e sindicais, com centralização e monopólio dessas atividades.

Nesse século, as equipes de gestão de pessoas surgem na era da informação. As tarefas operacionais e burocráticas são transferidas para terceiros através da terceirização, ao passo que as atividades táticas são delegadas aos gerentes de linha em toda a organização, os quais passam a ser os gestores de pessoas. Para que se possam assumir atividades estratégicas de orientação global, visando o futuro e o destino da organização e de seus membros, é proporcionada consultoria interna pelas equipes de Recursos Humanos. As pessoas passam a ser agentes ativos e inteligentes, ajudando a organização em qualquer tipo de recurso, sendo consideradas parceiras, tomando decisões nas atividades efetuadas com o devido cumprimento das metas, alcançando os objetivos previstos para a solução nas empresas. Deixou de ser um problema lidar com as pessoas na era da informação e passou a ser a vantagem competitiva para as organizações.

O terceiro milênio aponta para mudanças cada vez mais velozes e internas no ambiente, nas organizações e nas pessoas. O mundo moderno se caracteriza por tendências que envolvem globalização, tecnologia, informação, conhecimento, serviços, ênfase no cliente, qualidade, produtividade e competitividade. Todas essas tendências estão afetando e continuarão a afetar a maneira pela qual as organizações utilizam as pessoas, fazendo com que a ferramenta gestão estratégica de pessoas seja uma necessidade para os gestores utilizarem todo o potencial de seus talentos humanos.

Gestão por Competência

Dutra (2001) define gestão por competências como um modelo estratégico que

> presume a definição de competências da empresa e das pessoas que nela trabalham, para que o esforço de ambos siga na mesma direção e atinja resultados. O princípio básico de funcionamento para o modelo é a definição prévia das competências, que, uma vez alimentado e utilizado, fornece informações para uma ação estratégica de recursos humanos, valendo-se de sistemas de avaliação mensuráveis.

De acordo com Dutra (2001), o aumento da competitividade provocou a elevação dos padrões de qualidade e produtividade, fazendo com que as competências e as habilidades das pessoas se tornassem fatores determinantes para o bom desempenho da organização. Afirma ainda que o modelo de gestão por competências "não se trata de 'modismo', e, sim, de um processo de evolução dos sistemas tradicionais de acompanhamento do desenvolvimento humano".

Conforme o autor, o modelo de gestão por competências, alinhado à estratégia empresarial, busca dar suporte à organização para que alcance resultados que os indicadores de desempenho se propõem. Sendo assim, são necessários sistemas que proporcionem resultados mensuráveis de desempenho das pessoas em relação aos objetivos da empresa.

Conclui-se, de modo geral, que existe um ganho potencial tanto para a empresa quanto para as pessoas com a utilização desse modelo, uma vez definidas as competências essenciais e os mecanismos necessários para o mapeamento das mesmas e o direcionamento adequadamente facilitado, indicando claramente o rumo e os propósitos previamente estabelecidos.

Gestão de Conflitos

Segundo Chalvin & Eyssette (1989), o conflito é fonte de idéias novas, que pode levar a discussões abertas sobre determinados assuntos, o que se revela positivo, pois permite a expressão e a exploração de diferentes pontos de vista, interesses e valores. Os conflitos existem desde o início da humanidade, fazem parte do processo de evolução dos seres humanos e são necessários para o desenvolvimento e o crescimento de qualquer sistema familiar, social, político e organizacional.

É possível pensar em inúmeras alternativas para indivíduos e grupos lidarem com os conflitos. Estes podem ser ignorados ou abafados, ou sanados e transformados em um elemento auxiliar na evolução de uma sociedade ou organização.

Se se observar a História, até há pouco tempo, a ausência de conflitos era encarada como expressão de bom ambiente, boas relações e, no caso das organizações, sinal de competência.

Alguns profissionais viam o conflito de forma negativa. Viam-no como resultante da ação e do comportamento de pessoas indesejáveis, associado à agressividade, ao confronto físico e verbal e a sentimentos negativos, os quais eram considerados prejudiciais ao bom relacionamento entre as pessoas e, conseqüentemente, ao bom funcionamento das organizações.

Conflito: O que é – Como Entendê-lo

Qualquer situação em que exista uma oposição pessoal, interpessoal ou grupal sobre algum interesse ou valor. Conflitos se originam quando as pessoas contestam idéias, atitudes, comportamentos, pois elas se apegam aos seus pontos de vista. E lutam por eles.

Nascimento & Maranhão (2000) relatam que um conflito freqüentemente pode surgir de uma pequena diferença de opiniões, e pode se agravar e atingir um nível de hostilidade, que se chama conflito destrutivo.

A seguir, é possível acompanhar a evolução dos conflitos e suas características, conforme Chalvin & Eyssette (1989):

- **Nível 1 – Discussão:** É o estágio inicial do conflito; caracteriza-se normalmente por ser racional, aberta e objetiva.

- **Nível 2 – Debate:** Nesse estágio, as pessoas fazem generalizações e buscam demonstrar alguns padrões de comportamento. O grau de objetividade existente no nível 1 começa a diminuir.

- **Nível 3 – Façanhas:** As partes envolvidas no conflito começam a mostrar grande falta de confiança no caminho ou alternativa escolhidos pela outra parte envolvida.

- **Nível 4 – Imagens fixas:** São estabelecidas imagens preconcebidas com relação à outra parte, fruto de experiências anteriores ou de preconceitos concebidos, fazendo com que as pessoas assumam posições fixas e rígidas.

- **Nível 5 – Loss of face (ficar com a cara no chão):** Trata-se da postura de: continuo nesse conflito custe o que custar e lutarei até o fim. Isso acaba por gerar dificuldades para que uma das partes envolvidas se retire.

- **Nível 6 – Estratégias:** Nesse nível, começam a surgir ameaças e as punições ficam mais evidentes. O processo de comunicação, uma das peças fundamentais para a solução de conflitos, fica cada vez mais restrito.

- **Nível 7 – Falta de humanidade:** No nível anterior, evidenciam-se as ameaças e as punições. Neste, aparecem com muita freqüência os primeiros comportamentos destrutivos, e as pessoas passam a se sentir cada vez mais desprovidas de sentimentos.

- **Nível 8 – Ataque de nervos:** Nessa fase, a necessidade de se autopreservar e se proteger passa a ser a única preocupação. A principal motivação é a preparação para atacar e ser atacado.

- **Nível 9 – Ataques generalizados:** Nesse nível, chega-se às vias de fato, e não há alternativa a não ser a retirada de um dos dois lados envolvidos ou a derrota de um deles.

Dependendo da importância que se dá ao conflito – ignorando-o ou reprimindo-o, ele tende a crescer e se agravar. Porém, quando é reconhecido e as ações corretivas são aplicadas imediatamente, poderá ser resolvido e transformar-se em uma força positiva, capaz de mudar hábitos e estímular a busca de resultados mais positivos.

Origem dos Conflitos

São muitos os fatos que geram os conflitos, que podem ser divididos nas seguintes áreas, segundo Chalvin & Eyssette (1989):

- **Conflito social:** Surge em decorrência do grau de complexidade e implicação social. Não podemos esquecer que vivemos em uma sociedade altamente evoluída do ponto de vista social e tecnológico, mas bastante precária em termos de habilidade para negociações. Além disso, a violência tem sido, no decorrer da História, um dos instrumentos mais utilizados na tentativa de sanar conflitos. Talvez a fantasia de todo ser humano seja eliminar uma idéia adversa à sua, em vez de ter que questionar sua própria posição.

- **Conflitos tradicionais:** Pertencem à História e são aqueles que reúnem indivíduos ao redor dos mesmos interesses, fortalecendo sua solidariedade. Os conflitos aparecem por três razões principais: pela competição entre as pessoas por recursos disponíveis, mas escassos; pela divergência de alvos entre as partes; e pelas tentativas de autonomia ou libertação de uma pessoa em relação à outra.

Podem ser entendidos como fontes de conflito: direitos não atendidos ou não conquistados; mudanças externas acompanhadas por tensões, ansiedades e medo; luta pelo poder; necessidade de status; desejo de êxito econômico; exploração de terceiros (manipulação); necessidades individuais não atendidas; expectativas não atendidas; carências de informação, tempo e tecnologia; escassez de recursos; marcadas diferenças culturais e individuais; divergência de metas; tentativa de autonomia; emoções não expressas/inadequadas; obrigatoriedade de consenso; meio ambiente adverso e preconceitos.

Efeitos Negativos dos Conflitos

Chalvin & Eyssette (1989) relatam que, entre os vários aspectos do conflito, alguns podem ser considerados como negativos e aparecem com freqüência dentro das organizações. Os mais visíveis podem ser identificados nas seguintes situações:

- Quando desviam a atenção dos reais objetivos, colocando em perspectiva os objetivos dos grupos envolvidos no conflito e mobilizando os recursos e os esforços para a sua solução.

- Quando tornam a vida uma eterna derrota para os grupos de perdedores habituais, interferindo na sua percepção e na socialização daqueles que entram na organização.

- Quando favorecem a percepção estereotipada a respeito dos envolvidos, como ocorre freqüentemente em organizações. Se por um lado existem os estereótipos genéricos referentes às categorias profissionais, dentro de cada organização, além dos tipos que fazem parte de sua cultura individual, como seus heróis, mitos, tipos ideais, começam a surgir seus perdedores, ganhadores, culpados e inimigos.

Esses aspectos, segundo os autores, podem ser observados em todas as organizações e são considerados negativos (salvo diante de alguns objetivos menos confessáveis). No entanto, existem potenciais efeitos benéficos dos conflitos, a saber:

- São bons elementos de socialização, pois oferecem aos novos participantes de um grupo a sensação de envolvimento com alguma causa.

- Ajudam a equilibrar as relações de poder dentro da organização, pois em qualquer episódio de conflito pode haver diferentes ganhadores (independentemente das percepções anteriores).

- Propiciam a formação de alianças com o objetivo de ganhar em um conflito específico, mas também de garantir mais poder.

Análise dos Conflitos

Chalvin & Eyssette (1989) dizem que o conflito é um elemento importante. Seja na dinâmica pessoal, seja na dinâmica organizacional, é um fator inevitável. Por mais que se desenvolvam esforços no sentido de eliminá-lo, não se pode contê-lo. Observam-se, hoje, inúmeros profissionais disseminando fórmulas e estratégias para trabalhar com os conflitos. No entanto, o que se faz necessário é conhecê-los, saber qual é sua amplitude e como se preparar para trabalhar com eles.

Existem vários tipos de conflitos e sua identificação pode auxiliar a detectar a estratégia mais adequada para administrá-los:

- **Conflito latente:** Não é declarado e não há, mesmo por parte dos elementos envolvidos, uma clara consciência de sua existência. Eventualmente, não precisa ser trabalhado.

- **Conflito percebido:** Os elementos envolvidos percebem, racionalmente, a existência do conflito, embora não haja ainda manifestações abertas do mesmo.

- **Conflito sentido:** É aquele que já atinge ambas as partes, e em que há emoção e forma consciente.

- **Conflito manifesto:** Trata-se do conflito que já atingiu ambas as partes, já é percebido por terceiros e pode interferir na dinâmica da organização.

Administração dos Conflitos

A administração de conflitos consiste exatamente na escolha e na implementação das estratégias mais adequadas para se lidar com cada tipo de situação.

A resolução de conflitos requer conhecimento e desenvolvimento de habilidades para tal, mas também regras explícitas. Essas regras estabelecem:

- Os direitos dos alunos e de suas famílias, dos professores e demais funcionários.

- Os critérios e as prerrogativas que podem e devem ser usados na mediação e na resolução.

- As instâncias com autoridade para mediar e determinar a resolução (a diretoria, uma comissão, o chefe ou o responsável imediato, etc.).

- As conseqüências (penalidades) cabíveis segundo uma escala de gravidade do problema.

Essas regras constituem uma referência que pode conter indisciplina e outros problemas se todos conhecerem o processo de resolução e as penalidades. Podem ser consultadas na Secretaria, ensinadas em sala de aula, etc.

Situações dos Conflitos nas Organizações

Os conflitos, na visão de Chalvin & Eyssette (1989), se dão entre duas ou mais pessoas e podem ocorrer por vários motivos: diferenças de idade, sexo, valores, crenças, por falta de recursos materiais, financeiros, por diferenças de papéis, podendo ser divididos em dois tipos:

- **Hierárquicos:** Colocam em jogo as relações com a autoridade existente. Ocorre quando a pessoa é responsável por algum grupo, não encontrando apoio em seus subordinados e vice-versa. Nesse caso, as dificuldades encontradas no dia-a-dia deixam a maior parte das pessoas envolvidas desamparada quanto à decisão a ser tomada.

- **Pessoais:** Dizem respeito ao indivíduo e à sua maneira de ser, agir, falar e tomar decisões. As rixas pessoais fazem com que as pessoas não se entendam e, portanto, não se falem. Em geral, esses conflitos surgem a partir de pequenas coisas ou situações nunca abordadas entre os interessados. O resultado é um confronto tácito, que reduz em muito a eficiência das relações.

Natureza dos Conflitos

Para a correta administração do conflito, é importante que sejam conhecidas as possíveis causas que levaram ao seu surgimento. Entre elas, Chalvin & Eyssette (1989) esclarecem que é possível citar:

- *Experiência de frustração de uma ou ambas as partes:* Incapacidade de atingir uma ou mais metas e/ou de realizar e satisfazer os seus desejos, por algum tipo de interferência ou limitação pessoal, técnica ou comportamental.

- *Diferenças de personalidade:* São invocadas como explicação para as desavenças tanto no ambiente familiar como no ambiente de trabalho, e reveladas no relacionamento diário através de algumas características indesejáveis na outra parte envolvida.

- **Metas diferentes:** É muito comum estabelecermos e/ou recebermos metas/objetivos a serem atingidos e que podem ser diferentes dos de outras pessoas e de outros departamentos, o que leva à geração de tensões em busca de seu alcance.

Diferenças em termos de informações e percepções: Costumeiramente, tendemos a obter informações e analisá-las à luz dos nossos conhecimentos e referenciais, sem levar em conta que isso ocorre também com o outro lado com quem temos de conversar e/ou apresentar nossas idéias, e que esse outro lado pode ter uma forma diferente de ver as coisas.

Nova Visão dos Conflitos e a Possibilidade de Resolução

Em alguns momentos, e em determinados níveis, o conflito pode ser considerado necessário se não se quiser entrar em um processo de estagnação. Assim, os conflitos não são necessariamente negativos; a maneira como lidamos com eles é que pode gerar algumas reações.

Martinelli (1998) relata que, mesmo que sejam positivos ou negativos, os conflitos podem ser considerados úteis pelo papel que desempenham na vida das pessoas. O chamado comportamento político na organização, também inevitável, tem uma forte vinculação com o conflito, pois sua relação é direta, ou seja, quanto mais conflito, mais comportamento político. Assim, quando há dúvidas sobre a sobrevivência da organização, sobre sua resposta às necessidades organizacionais, sobre aspectos sucessórios, mais voltada para a formação de alianças e negociações será a atuação de seus membros.

Lidar com o conflito implica trabalhar com grupos e tentar romper alguns dos estereótipos vigentes na organização, sabendo que essas mesmas estratégias deverão ser repetidas periodicamente.

Criar tarefas a serem executadas em conjunto por grupos diferentes é uma forma de garantir que seu cumprimento seja reconhecido pela potencialização do trabalho dos grupos. Quaisquer estratégias de confronto podem ser utilizadas caso o conflito já seja franco, desde que exista entre as partes alguém que desempenhe um papel moderador.

Os conflitos, segundo Martinelli (1998), aumentam e tornam-se mais complexos conforme a organização social cresce e se defronta com maior diversidade de opiniões e idéias. A diversidade de percepções e opiniões pode ser um dos principais fatores desencadeadores de conflitos, porém a intensificação destes decorre, muitas vezes, de disputas e distorções perceptivas.

Por outro lado, a diversidade pode também contribuir para o desenvolvimento de soluções criativas no ambiente organizacional, desde que o comportamento do líder e dos membros do grupo seja positivo em relação às diferenças. "Para facilitar este comportamento de apoio por parte do grupo, o líder pode encorajá-los a criar deliberadamente um clima em que se coloque a diversidade, a discordância e a diferença como valores positivos." (Linkert, 1979, p. 144)

Mediação e Arbitragem na Solução de Conflitos

Originalmente, a mediação vem sendo considerada como um procedimento de *resolução* dos conflitos já instalados entre duas ou mais pessoas, no qual um terceiro neutro ajuda as partes a negociarem para se chegar a um resultado mutuamente aceitável.

Consiste na intervenção de um terceiro neutro e imparcial que, oficial ou oficiosamente, interpõe-se entre as partes, mediando entre elas. O profissional da mediação é o mediador, que "ajuda as partes a encontrarem de forma cooperativa o ponto de harmonia no conflito". (Highton & Álvares, 1995)

O mediador conduz as partes a identificarem o conflito, a acomodarem seus interesses aos da parte contrária, a explorarem fórmulas de acordo que satisfaçam a todos os envolvidos.

Para preservar as relações, o conflito precisa ser manejado adequadamente e a mediação constitui-se de um processo estruturado para facilitar a comunicação entre os contrários e reduzir as tensões emocionais, a fim de que eles possam criar cooperativamente as alternativas de solução. Soluções que sejam mutuamente satisfatórias, justas e duradouras.

O autor de "Teoria e Prática da Mediação", Vezzulk, (1998), descreve a mediação como uma "técnica privada da solução de conflitos em que as próprias partes encontram a solução e o mediador somente ajuda a procurá-las, introduzindo, com suas técnicas, os critérios e os raciocínios que lhe permitirão um entendimento melhor". No processo da mediação, as partes envolvidas em algum tipo de divergência, disputa ou conflito são convidadas a enfrentar o problema construtivamente, possibilitando que cada uma se responsabilize pelas soluções que resolvam o conflito e de modo que possam satisfazer às necessidades ou aos interesses de todos.

As estratégias de mediação de conflitos podem indicar caminhos facilitadores, porém necessitam de adaptações de acordo com a situação específica. A gestão de pessoas envolve aspectos subjetivos e até mesmo inconscientes, portanto, é importante considerar os elementos sutis envolvidos nesse processo.

Estilos para Lidar com Conflitos

Para lidar com conflitos, torna-se necessário que se tenha espírito de liderança e, para Drucker (2002, p. 144), não há um conjunto de características que descreva o líder ideal. Segundo ele, "o que distingue o líder do mau líder são suas metas (...). A segunda exigência é que encare a liderança como responsabilidade". Para o autor, o líder carismático nem sempre pode ser considerado bom líder, ressaltando a importância de inspirar confiança e de possuir integridade em suas ações. A liderança estratégica dever criar uma visão positiva do futuro, que seja contagiante e envolvente, para que todos se sintam, de alguma forma, mobilizados a fazer parte da comunidade que construirá a nova realidade. A visão deve inspirar a ação. Portanto, concorda-se com Drucker ao afirmar que "um líder eficaz sabe que a tarefa da liderança é criar energia e visão humana". (Drucker, 2002, p. 145)

O mediador reúne as pessoas envolvidas em um conflito num espaço neutro, num ambiente acolhedor e sem interferências externas, e inicia seu trabalho com as devidas apresentações, criando uma atmosfera cooperativa ao apresentar as regras do processo. Além disso, escuta cada uma das partes e investiga para compreender os interesses; resume o que ouviu; esclarece mal-entendidos e emoções negativas que interferem; leva as pessoas a pensarem e a criarem várias possibilidades de soluções, para depois avaliar cada uma e as partes poderem escolher o que melhor atende aos seus interesses; finalmente, redige um acordo que seja equilibrado, justo e duradouro, baseado em critérios objetivos e dados de realidade.

Chalvin & Eyssette (1989) relacionam alguns estilos para a resolução de conflitos, e algumas de suas características:

- **Estilo Colaborativo:** Contempla os interesses das partes envolvidas no conflito, busca um resultado benéfico para elas, trabalha em forma de cooperação, dividindo os resultados e as conquistas.

- **Estilo Competitivo:** O estilo de competição busca a satisfação dos seus interesses, independentemente do efeito, positivo ou negativo, que isso possa causar na outra parte envolvida. Tenta de forma enfática convencer a outra parte de que sua conclusão está correta e a dela está equivocada, até podendo fazer com que esta aceite a culpa por um problema qualquer.

- **Estilo de Evitação:** É considerado não-assertivo e não-cooperativo, pois evita todo e qualquer envolvimento com o conflito, chegando a negar sua existência e o contato com as pessoas que podem causá-lo. Expressa-se como omissão, não assumindo a responsabilidade por resultados.

- **Estilo Acomodação:** Trata-se de estilo considerado não-assertivo e cooperativo. A parte que utiliza esse estilo tende a apaziguar a situação, chegando a colocar as necessidades e os interesses da outra parte acima dos seus, não por cooperação, mas como forma de não criar conflitos e ter de resolvê-los.

- **Estilo Compromisso:** Esse estilo encontra-se no padrão médio de assertividade e cooperação, em que uma das partes envolvidas no conflito desiste de alguns pontos ou itens, reconhecendo ou não a sua posição como certa ou errada, mas levando a distribuir os resultados entre ambas as partes como uma forma de não estender as divergências.

Uso dos Diversos Estilos e Benefícios da Resolução de Conflitos Bem-sucedida

Sabe-se que o estilo a ser adotado depende muito da realidade de cada organização e das diversas origens que desencadearam os conflitos. É sempre recomendável que se adote um estilo que leve à solução do conflito da forma mais pacífica possível, sem traumas ou ressentimentos que possam prejudicar o andamento dos trabalhos, ou a convivência entre os participantes da organização. O que vai definir seu atual estilo de administrar conflitos está diretamente ligado a duas importantes características de comportamento: assertividade e cooperação. É necessário que se tome atitudes certas e saiba interagir com os participantes das diversas categorias da organização.

Segunda Parte

Neste capítulo, as abordagens serão mais práticas e conceituais. Os conceitos elaborados e as normas de funcionamento sugeridas são baseados na experiência do autor do livro e embasadas na Legislação. Serão narrados alguns episódios ocorridos em alguns prédios, a fim de que possam servir de exemplos e sugestões para possíveis soluções.

Tipos de Edifício

- **Prédios públicos:** São aqueles onde funcionam as repartições públicas que prestam serviços à população, como Tribunal de Justiça, Palácio da Redenção, Companhia de Água e Esgoto da Paraíba (Cagepa), etc.

- **Prédios residenciais:** São aqueles destinados à moradia de pessoas e seus familiares, de uso particular.

- **Prédios comerciais:** São as edificações nas quais funcionam as lojas comerciais ou salas, por exemplo, shoppings, lojas de departamentos, etc.

O condomínio é formado por pessoas importantes que ajudam na gestão dos recursos administrativos, financeiros e pessoais. Vamos conhecer algumas pessoas que colaboram para que os objetivos sejam alcançados.

Síndico

É a pessoa que representa os condôminos, tanto nos edifícios comerciais como nos residenciais. É eleito em uma assembléia pela maioria ou por aclamação, quando não existem concorrentes. É aquele que tem um bom relacionamento com a comunidade condominial, e pode ser condômino ou não. Essa representação é amparada pela **Lei nº 4.591, de 16 de dezembro de 1964, no seu artigo 22, § 1º, alínea a**.

Art. 22. Será eleito, na forma prevista pela convenção, um síndico do condomínio, cujo mandato não poderá exceder a dois anos, permitida a reeleição.

1º Compete ao síndico:

Representar, ativa e passivamente, o condomínio, em juízo ou fora dele, e praticar os atos de defesa dos interesses comuns, nos limites das atribuições conferidas por esta lei ou pela convenção.

Síndicos altamente centralizadores, que procuram resolver os problemas do condomínio de forma autoritária, sem levá-los à assembléia ou pedir a opinião do conselho consultivo antes de tomar decisões, não são bem quistos pelos moradores. A imposição nas decisões causa a antipatia de alguns moradores e reflete negativamente nos demais funcionários a ele subordinado, que irão realizar suas atividades de maneira apenas obrigatória, e não pela conquista de um relacionamento amistoso entre comando e comandado.

O síndico deve lembrar que está ali para gerir o condomínio dentro dos poderes que lhe são delegados, apenas como representante daquela comunidade, e exercer o seu papel de gestor com humildade. Síndicos que apresentam o tipo de comportamento autoritário geralmente se apóiam no fato de não haver disponibilidade de os moradores assumirem e nem mesmo de se candidatarem ao cargo, como é o exemplo de alguns condomínios que contratam um funcionário para exercer a função por falta de alguém para assumir a responsabilidade de representar o prédio. Essa comunidade certamente terá dificuldades para conduzir os seus problemas e encontrar soluções para o bom funcionamento dos seus trabalhos, principalmente os que estão relacionados com os funcionários.

Subsíndico

Também eleito pela assembléia, representará os condôminos na ausência do síndico. Geralmente, assina a conta bancária do condomínio junto com o síndico. Ele não pode representar por mais de 30 dias, caso contrário, será realizada uma nova eleição para que continue no cargo de síndico. Quando o síndico renuncia, o subsíndico assume o cargo até o término do mandato.

Quando o síndico assume o cargo por pressão, ou seja, nenhum condômino quer assumir, geralmente ele se torna isento das suas responsabilidades, alheio à realidade do condomínio, e suas atividades (de comum acordo entre os dois: síndico e subsíndico) passam a ser exercidas pelo subsíndico que, além de realizar toda a parte operacional e funcional, toma decisões de competência do síndico. Há casos em que o síndico assume e não tem tempo, porque exerce outras atividades paralelas e passa a maior parte do tempo fora do condomínio (sai às 7 horas e retorna às 20 horas), razão pela qual fica totalmente negligente em relação aos problemas relacionados com o prédio.

A exemplo de alguns condomínios da cidade de João Pessoa (PB), funcionários em geral, como os porteiros, os zeladores, os faxineiros, etc. sentem-se perdidos, sem saber com quem tratar determinados problemas. Muitas vezes, o subsíndico diz que só o síndico resolve, e este diz que como passa o dia fora, não pode tratar do assunto, repassando, assim, o problema para o subsíndico e vice-versa.

Presidente do Conselho

A assembléia elege o Conselho Consultivo para ajudar o síndico a administrar o condomínio. Esse conselho tem a função de fiscalizar as tarefas executadas pelo síndico, principalmente suas contas. Entre os membros do conselho, será eleito um presidente, que analisa os balancetes mensais (despesas e receitas e taxas condominiais). Este tem um papel importante. É ele que elabora um parecer favorável ou não sobre as prestações de contas que serão levadas à assembléia para posterior aprovação.

A assembléia elege seis membros, três titulares, que atuam diretamente com o presidente na administração do condomínio, e três suplentes, que representam os titulares na ausência ou no afastamento.

O conselho, ao contrário do que muita gente pensa, não tem a função de aprovar as contas do condomínio, e sim a de apresentar um parecer (que pode ser positivo ou negativo) aos outros membros do condomínio. Esse parecer deve ser apresentado de maneira simplificada, para que nem todos precisem participar necessariamente das assembléias, depositando, assim, a confiança no conselho consultivo, que, através do seu presidente, elabora e recolhe a aprovação de todos por meio de assinaturas, nas assembléias.

É aconselhável que todo condomínio possua uma conta bancária e toda a sua movimentação financeira seja feita através de cheques, para facilitar a prestação de contas das despesas e receitas, pagamentos, etc. Toda a movimentação financeira deve ser comprovada através de recibos, notas fiscais e demais documentos, se houver. A movimentação financeira através da conta bancária facilita o trabalho dos responsáveis (conselho, contador, administração, síndico) pela prestação de contas dos gastos do condomínio, além de proporcionar a verificação do balancete de maneira organizada e clara para todos.

O conselho tem a função de fiscalizar junto ao síndico todo esse processo de movimentação financeira, como pagamento de funcionários sem atraso, para garantir a satisfação deles em seu trabalho. Conseqüentemente, garante-se o bom atendimento e o funcionamento de suas atividades a todos os condôminos e aos seus clientes, no caso de prédios comerciais.

Os Condôminos

São todos os moradores, proprietários dos apartamentos ou de lojas comerciais. São eles que decidem em assembléia, por maioria de votos, todas as atividades condominiais. O síndico ou qualquer pessoa jamais poderá adotar atitudes sem a aprovação em assembléia, nas áreas comuns do edifício, que estejam prejudicando os demais, como, por exemplo, uso de som alto ou reforma de loja fora de horário, etc.

Todo condomínio tem de apresentar mensalmente, através de seu síndico, uma planilha de despesas para informe no caso de alguma despesa extra, que requer o rateamento entre os condôminos. A taxa condominial faz parte do orçamento familiar dos moradores de condomínios de forma fixa, assim como despesas com água, luz, telefone, gasolina, educação e tudo aquilo que uma família se dispõe a gastar com o seu bem-estar.

Quando um condomínio não apresenta uma despesa fixa, é obrigatório apresentar mensalmente tudo que foi gasto, inclusive despesas adicionais, se houver, ou seja, tudo o que foi gasto além do que é essencial e permanente. Por exemplo: o pagamento dos funcionários, no qual está previsto um valor e o condomínio pagar outro, em razão de substituição de férias, faltas ou mesmo férias, que na maioria das vezes são os últimos gastos a serem computados, quando deveriam ser os primeiros. As receitas do mês de alguns condomínios, por exemplo, são recebidas entre os dias 5 e 10 de cada mês para serem pagas dentro do mesmo mês. Os funcionários têm prioridade zero, quando deveriam ser prioridade número um; seus encargos, prioridade dois; vale-transporte, prioridade três; água, luz e gás encanado, prioridade quatro; a administradora ou o contador que prestam serviços ao condomínio e demais despesas, pela ordem de necessidade.

Os condôminos, conscientes de sua importância, são peças fundamentais, o principal e mais importante motivo de toda a atenção e dedicação e respeito que os funcionários diretos e indiretos que prestam serviços ao condomínio devem manter a eles.

Além das pessoas aqui citadas, existem outras ferramentas que ajudam o bom desempenho das relações condominiais e a gerir as pessoas. Quando esses elementos não são bem elaborados, respeitados ou são desprezados, os relacionamentos são afetados e as pessoas passam a viver conflitos irreparáveis.

Convenção

Esse documento é o mais importante do condomínio, e representa um instrumento que exterioriza os direitos e as obrigações fundamentais dos condôminos. É através da convenção que o condômino se vale para invocar seus direitos em juízo e fora dele.

A convenção tem sua origem na determinação da Lei nº 4.591, de 16 de dezembro de 1964 (art. 9º), e na vontade dos condôminos (inciso III do mesmo artigo). É também chamada de **estatuto** ou ***pacto constitutivo*** e preponderantemente normativa e institucional. Diz-se normativa porque se constitui de um conjunto de normas ou regras. E institucional, porque tem o efeito de instituir ou disciplinar a convivência social do grupo de moradores do edifício. É norma básica destinada a reger os direitos e os deveres dos ocupantes (condôminos e locatários) de unidades. A convenção funciona como norma interna do condomínio.

Na realidade, nas cidades de João Pessoa e Cabedelo, por exemplo, as convenções, em sua maioria (80%), são fabricadas, passadas de um condomínio para outro, ou seja, administradoras, construtoras e síndicos pegam alguns modelos já prontos e fazem pequenas adaptações.

Apesar de as convenções serem baseadas na Lei condominial nº 4.591, elas precisam adaptar-se à realidade e às necessidades de cada condomínio, para que os seus artigos fiquem de acordo com as especificidades condominiais de cada caso. Para que isso ocorra, é preciso que síndicos, administradoras e construtoras consultem os moradores do condomínio a fim de garantir uma boa convivência em grupo, que os direitos sejam respeitados e os deveres, cumpridos. Se a convenção não condiz com a realidade do condomínio, começam a surgir problemas de convivência, de funcionamento e, principalmente, relacionados com os funcionários. Por exemplo, para efetuar a demissão de um funcionário em certos condomínios, é necessária a aprovação em assembléia, porque isso está determinado na convenção. No entanto, tem de haver um *quorum* mínimo de pessoas presentes. Caso não compareça o número de pessoas determinado, o síndico não pode demitir o funcionário, que tem de permanecer ali por mais tempo, o que acarreta mais problema ao condomínio. Outro exemplo que podemos citar é quando o síndico precisa decidir sobre o treinamento dos funcionários em um curso de qualificação, convoca uma assembléia e não se obtém *quorum* suficiente para a sua realização. Os funcionários, então, ficam impossibilitados de participar do treinamento, porque na convenção consta que qualquer despesa extra deve ser aprovada em assembléia. Não é objetivo do questionamento feito aqui julgar se a convenção está certa ou errada, e sim investigar se ela condiz ou não com a realidade do condomínio onde está sendo aplicada.

Regimento Interno

Conhecido também do regulamento interno do condomínio é a terceira etapa da organização jurídica do condomínio. Sua força normativa resulta da convenção, motivo por que a ela não pode anteceder. Ele completa as regras disciplinares da convenção de condomínio. Como o próprio nome expressa, **o regulamento interno regula ou disciplina internamente o uso das coisas comuns**.

O regulamento interno existe para garantir os direitos e os deveres individuais e coletivos dos moradores. Para funcionar de maneira eficiente, é preciso que as regras ali determinadas a respeito do funcionamento interno que são regulamentadas em estatuto sejam cumpridas por todo o condomínio, para que ninguém se sinta prejudicado.

Infelizmente, alguns condôminos não cumprem o regimento interno, chegando a causar problemas com funcionários e outros moradores, infringindo regras que eles mesmos ajudaram a elaborar. Por exemplo, alguns moradores, quando são lembrados pelo funcionário responsável naquele momento, principalmente à noite, falam ao interfone que o horário de silêncio começa a partir das 22 horas; eles não devem fazer nenhum tipo de barulho, para não incomodar seus vizinhos. Alguns se chateiam, a ponto de serem grosseiros e tratar mal o funcionário, que está apenas fazendo o seu trabalho e pedindo que os artigos do regimento interno sejam cumpridos.

Na verdade, garantir o cumprimento das regras do regimento interno é função do síndico, mas este nem sempre quer lidar diretamente com os moradores, justamente por saber que muitos levam a advertência para o lado pessoal. Portanto, delega ao funcionário essa tarefa que, às vezes, nem chega a acatar sua determinação, evitando, assim, situações de conflitos com os moradores.

Atas de Reuniões

As atas de reuniões são os registros de todas as manifestações de vontades dos condôminos. Através delas, o síndico administra o condomínio e faz cumprir aquilo que foi acordado por maioria simples. Ele tem obrigação de cumprir o que está escrito na ata, caso contrário sofrerá ação judicial com obrigação de cumpri-lo. Ela é a quarta etapa na organização jurídica do condomínio. Infelizmente, a nossa sociedade não convive com as normas verbais, tudo tem de estar escrito e registrado. Uma decisão que está escrita na ata só é cancelada se for aprovada na assembléia e registrada, então valerá o último registro.

Nas atas devem constar local, data, horário, nome do secretário(a) e dos demais condôminos presentes e nelas, registros de todos os acontecimentos durante uma assembléia. Nessas reuniões, os moradores manifestam suas vontades, exteriorizam seus pensamentos e suas opiniões. O secretário que elabora a ata tem o importante papel de auxiliar o síndico ou o presidente que está conduzindo a assembléia de maneira pacificadora, alertando sobre o ponto em questão naquela reunião, para evitar que haja polêmica em relação a assuntos que possam desviar a intenção do evento. Quando os ânimos estão exaltados, o secretário sugere que se coloque a pauta em votação como forma de acabar com os possíveis conflitos e de acalmar a euforia dos participantes, avançando para o ponto seguinte. A ata tem função de pacificador e elaborador, e o secretário faz todos os registros de aprovação, reprovação, ausências, abstenções e votos declarados, com o cuidado de redigi-la da maneira mais clara possível.

Sempre que houver dúvidas sobre algum ponto polemizado, o secretário deve falar em voz alta, pedir licença e repetir a pergunta, retornando ao ponto que gerou a dúvida, para não se perder no desenvolvimento da ata, que deve ser fiel aos acontecimentos. Outro fator importante que requer atenção da pessoa que está secretariando é a elaboração das atas, que devem apresentar cabeçalho de acordo com o edital de convocação e o *quorum* presente.

O secretário deve ler o edital de convocação e apontar na ata que ela foi lida, discorrer sobre a assinatura dos presentes, observar o *quorum* mínimo, se houve reunião na primeira chamada ou se foi para a segunda e registrar as chamadas. Dizer que a ata anterior foi lida e aprovada ou reprovada, frisar que as atas são assinadas pelas pessoas presentes na reunião. Ao finalizar, deve escrever os nomes dos presentes por extenso e os espaços para as respectivas assinaturas, porque essas assinaturas irão confrontar-se com as do livro de presença para esclarecer qualquer dúvida, principalmente em possíveis ações judiciais contra aquela assembléia. É necessário que o documento esteja todo em seqüência, a fim de facilitar o trabalho do síndico, da administradora e do advogado, que poderá fazer a defesa do condomínio quando se tratar de ação judicial.

Outro ponto que merece ser evidenciado em relação à ata diz respeito às assinaturas das pessoas que participaram das assembléias. Por ser um documento confidencial e interno do condomínio, a administradora ou o síndico deve entregar a ata nos apartamentos dos moradores que estiveram presentes na reunião. Os condôminos devem lê-la e conferir se está de acordo com o que realmente ocorreu. A ata deve ser assinada por todos. Essa é uma responsabilidade do síndico ou de quem for nomeado presidente da assembléia, mas normalmente essas atas são deixadas na portaria e correm o risco de sofrer danos, por serem manuseadas pelo porteiro, zelador, etc., muitas vezes, sem orientação do síndico no que diz respeito à importância e ao cuidado que se deve ter com esse documento. Essa falta de cuidado pode resultar no seu extravio e em uma série de complicações, como, por exemplo, a emissão de um documento novo, o recolhimento de novas assinaturas, etc., ou seja, todo o processo de elaboração da ata teria de ser repetido.

Com relação às atas, tenho um exemplo a citar que ocorreu em um condomínio. Houve uma reunião muito tumultuada e algumas decisões foram praticamente forçadas a serem tomadas pela votação. Algumas pessoas, por estarem sendo influenciadas, declaravam seus votos não para votar contra ou a favor conscientemente, e sim por empolgação ou para se livrarem da situação com mais rapidez.

Quando a administradora mandou a ata para o presidente da assembléia, para que ele assinasse e recolhesse as demais assinaturas, ele a assinou e entregou ao porteiro, para que este recolhesse as assinaturas dos condôminos. O correto seria o presidente, após assinar a ata, entregar pessoalmente ao próximo, na seqüência, e não deixar na portaria para que o porteiro cumprisse a tarefa que deveria ser realizada por ele. Como a ata é digitada e o papel em que é impressa tem certa sensibilidade, se os porteiros não tiverem o cuidado recomendado, podem chegar a rasgá-la. Foi justamente o que aconteceu nesse caso.

A administradora recolheu a ata rasgada e digitou novamente para mais uma vez colher as assinaturas. Quando esta chegou em um dos condôminos que tinha votado na última assembléia por empolgação, este falou que não a assinaria porque voltou atrás e não concordava com a decisão que foi tomada. Alegou ter votado apressadamente, apenas para diminuir o tumulto da reunião e acabar logo com a assembléia.

Veja a polêmica que foi criada após a decisão desse condômino em voltar atrás em relação ao seu voto: foi uma votação muito acirrada, em que a maioria venceu por um voto de diferença. Era uma benfeitoria que o prédio faria para cavar um poço artesiano. Com a desistência desse condômino, a realização da obra não poderia ser executada, pois na ata não constava a confirmação dele, que justificou não estar em condições financeiras para pagar as taxas extras e, por isso, recusava-se a assinar.

Imagine o transtorno causado por essa situação: o condomínio teve de fazer uma nova assembléia, reforçar os argumentos para que as pessoas comparecessem em maior quantidade com relação à última reunião, convencer novamente os condôminos a aprovarem a confecção do poço artesiano, etc. Tudo isso, devido à falta de *quorum* e à irresponsabilidade do presidente da assembléia e dos funcionários que prestam serviços na portaria. Felizmente, a reunião foi realizada e a confecção do poço, aprovada, com diversos votos de vantagem a favor. Lembramos que esse condômino já havia assinado a ata que foi extraviada, rasurada.

Comunicados

São documentos que servem para orientar os condôminos ou os funcionários de alguma decisão administrativa tomada pelo síndico, que podem ser colocados no quadro de aviso ou entregues pessoalmente aos condôminos.

Quando se trata de comunicados, temos de ter o cuidado de respeitar alguns critérios. Por acharem os comunicados a forma mais fácil de informar qualquer situação aos condôminos, muitas vezes, os síndicos chegam a exagerar na quantidade de papéis espalhados nos condomínios e erram na maneira de elaborá-los. Como exemplo, podemos citar um prédio em que a nossa empresa administrava.

No início da implantação do condomínio, ou seja, quando a construtora passa o prédio para os proprietários, a partir daquele momento todas as despesas são por conta dos condôminos, fora os acabamentos de construção, que são as despesas ordinárias.

É normal que as pessoas que estão chegando no prédio para morar encontrem o condomínio em formação e fiquem perdidas, porque não sabem a quem se dirigir. Na implantação, todo condomínio tem a necessidade de atingir objetivos comuns. As construtoras, quando entregam os apartamentos, constituem uma assembléia de entrega e colocam na pauta como destaque a entrega do prédio.

Existem duas maneiras para receber o prédio da construtora. A primeira é a constituição de uma comissão que elege um presidente para representar os demais; a outra é a eleição feita pelos condôminos para eleger um síndico, um subsíndico, conselheiros e fiscais. Um dos conselheiros é eleito presidente do conselho e, na maioria dos casos, é ele quem assina a conta do condomínio juntamente com o síndico; na falta de um, o subsíndico complementa a assinatura.

A partir desse momento, o condomínio tem um representante legal que representará os condôminos ativa e passivamente. Quando o condomínio não tem convenção e, principalmente, regimento interno, os relacionamentos se tornam difíceis, porque, como sabemos, a convenção regulamenta os direitos e os deveres dos condôminos e o regimento interno complementa, detalhando esses direitos e as orientações.

Todas as normas nessa situação serão orientadas através de comunicados:

POR FAVOR, NÃO COLOQUE LIXO NAS ESCADAS!
POR FAVOR, NÃO USE O ELEVADOR MOLHADO!
POR FAVOR, NÃO BUZINE!
POR FAVOR, NÃO DEIXE O PORTÃO ABERTO!
POR FAVOR, NÃO DEIXE AS LUZES DO HALL ACESAS APÓS AS 22 HORAS!

São verdadeiros bombardeios de papéis por todo o prédio, nos quais a palavra "não" faz explodir os condôminos e os deixa irritados. O síndico foi aconselhado a substituir a palavra "não" por "proibir". Os condôminos não seguiam as orientações do "não", então o síndico refez todos os comunicados usando o verbo "proibir", e as frases tiveram um efeito negativo ainda maior e um grau de rejeição unânime. Os condôminos sentiram-se em uma prisão com portas abertas.

Aconselhamos que os comunicados, que devem ser usados apenas em caso de necessidade, sejam elaborados de forma sutil, de modo que não agridam os condôminos. O comunicado deve ser feito de maneira geral para todos, colocando em uma só folha aquilo que se pede, e ser entregue individualmente, protocolando sua entrega para que, no futuro, o condômino não fuja da sua responsabilidade.

O importante, nesse caso, é lembrar que as proibições têm de ser aprovadas em assembléias para serem consideradas válidas, e não uma vontade isolada do síndico ou de quem representa aquela comunidade. Todo comunicado deve ser colocado no quadro de avisos, e não como fez o síndico no exemplo citado, que espalhou proibições por todo o prédio: nas escadas, nos pilotis, no salão de festas, dentro do elevador e nas piscinas, por exemplo.

Os condôminos, irritados, passavam e rasgavam os comunicados, o síndico, em vão, voltava a confeccioná-los, e o clima de guerra continuava.

Advertência

É o documento enviado pelo síndico para os condôminos que estão infringindo a convenção ou o regimento interno e para os funcionários que não se enquadram ao sistema de trabalho do condomínio.

É um documento que sucede os comunicados, por isso mesmo sua aplicação requer certa habilidade. Geralmente, aconselhamos que essa advertência seja baseada em um ato administrativo e conste no registro de ocorrência.

O funcionário, quando vê um condômino, um morador ou uma pessoa que trabalha em um condomínio cometendo alguma irregularidade, uma contravenção ao regimento interno ou à convenção, faz o comunicado verbalmente, orientando aquela pessoa a agir da forma correta. Mas, infelizmente, na maioria dos casos, as pessoas não seguem as orientações dos porteiros e dos zeladores, que devem registrar esses acontecimentos no livro de ocorrência.

Quando isso acontece, o síndico ou a administradora, ao observar as ocorrências, dará início a um processo administrativo com uma advertência por escrito. Existem casos em que a ocorrência não é muito grave no entendimento do síndico e ele adverte as pessoas apenas verbalmente.

Aconselhamos o síndico a ter muita flexibilidade. Um exemplo de irregularidade comum: crianças brincando nos *halls* e corredores, falando alto, e até gritando. O síndico adverte verbalmente. Caso as crianças insistam na conduta, ele deve comunicar o fato aos pais, e só depois adverti-los por escrito. Por outro lado, o síndico está amparado por lei para cumprir e fazer cumprir a lei, o regimento interno ou a convenção, conforme a Lei nº 4.591, de 16 de dezembro de 1964, art. 22, alínea e.

Infelizmente, existem situações em que, além de advertir verbalmente os condôminos, o síndico precisa registrar a ocorrência no livro e adverti-los por escrito, porque são condôminos que já tem um passado de irregularidades, ou seja, são reincidentes. Há condomínios que estabelecem critérios para as advertências: alguns aplicam multas após a primeira; outros, só aplicam após a terceira. A multa varia de acordo com as normas estabelecidas em cada regimento interno, que vão de 50% do valor da taxa de condomínio até cinco taxas condominiais para condôminos reincidentes.

As ocorrências têm de ser registradas para que se tornem verdadeiras, a fim de que a pessoa que presenciou possa provar o que viu e para que os fatos sejam apurados. Caso contrário, não se dará importância. As advertências servem para os condôminos, moradores e funcionários, e o mais importante é demonstrar para todos que existe uma fiscalização. As pessoas, em muitos casos, não se importam com a advertência, só lhe dão a devida importância quando o síndico envia uma multa anexada.

Como exemplo, em um determinado prédio que administramos, um condômino colocava na sua garagem móveis usados, bicicletas, cadeiras de praia, pneus, etc. O condomínio dispunha, em suas instalações, de um espaço para serem colocados todos esses objetos, mas, infelizmente, o depósito daquele condômino estava cheio e ele resolveu colocar os seus objetos excedentes no espaço destinado às garagens.

O art. 22 da Lei nº 4.591, de 16 de dezembro de 1964, adverte que:

> *"A violação de qualquer dos deveres estipulados na convenção sujeitará o infrator à multa fixada na própria convenção ou no regimento interno, sem prejuízo da responsabilidade civil ou criminal que no caso couber".*

Esse artigo está inserido no Capítulo V da mesma lei que destaca a utilização da edificação ou do conjunto de edificações em seu art. 19, que preceitua:

> *"Cada condômino tem o direito de usar e usufruir com exclusividade de sua unidade autônoma, segundo suas conveniências e interesses condicionados às normas de boa vizinhança e poderá usar as partes e coisas comuns de maneira a não causar dano ou incômodo aos demais condôminos ou moradores, nem obstáculos ou embaraço ao bom uso das mesmas partes por todos".*

O síndico advertiu o condômino verbalmente, que se comprometeu a retirar os seus objetos da garagem. Como o condômino não cumpriu o prometido, o síndico o advertiu mais duas vezes, e como não teve sua solicitação atendida, entregou-lhe uma advertência escrita. Foram necessárias três advertências para ser aplicada a multa de uma taxa de condomínio no valor de R$ 300,00 (trezentos reais). Com a multa aplicada, o condômino retirou os objetos e procurou o síndico para negociar. Esse constrangimento durou cerca de seis meses, desde o primeiro objeto colocado até o último; cada condômino que passava naquela garagem sentia-se prejudicado, e o pior é que os funcionários não podiam limpar o local. Oitenta por cento dos condôminos pesquisados só consideram as advertências quando nelas vem anexada uma multa.

No caso dos funcionários, não possuem qualificação. Muitas vezes, exige-se muito dos empregados, mas não lhes são oferecidos treinamentos; exigem que eles além de se comportarem bem, executem atividades com eficiência, mas não oferecem condições de trabalho.

Os condôminos, de modo geral, reclamam demais dos empregados, sem nunca os terem advertido nem os suspendido. Antes de o funcionário ser demitido do condomínio, é aconselhável que sejam feitas as etapas de enquadramento. Primeiro, chamar a atenção verbalmente; segundo, advertir por escrito; terceiro, suspender por 30 dias se for necessário e, por último, no caso de o funcionário não se enquadrar, demitir. Entre uma etapa e outra, estamos sempre conscientizando o funcionário da sua importância na empresa e questionando a respeito das dificuldades que se tem em adquirir um emprego. Passadas essas etapas, esgotamos todo o processo de diálogo.

Edital de Convocação de Assembléia

É o documento enviado pelo síndico, convocando todos os condôminos a participarem da reunião, que pode ser ordinária (realizada uma vez por ano) ou extraordinária (convocada sempre que o síndico ou qualquer condômino tenha assuntos importantes a serem tratados).

O edital tem regras a serem observadas. Entre elas, citamos o prazo mínimo de antecedência; a necessidade de ser fixado ou entregue pessoalmente protocolado para cada condômino; a exigência de constar a data da assembléia, os assuntos que serão discutidos na reunião, o horário e o local da assembléia. Esse documento é de grande importância para que as decisões tomadas nas assembléias tenham respaldo jurídico, caso contrário algum condômino pode pedir sua anulação, alegando que não foi convocado.

Como exemplo, podemos citar um procedimento ocorrido em um condomínio em que o síndico convocou uma reunião com oito dias de antecedência e até o momento dessa o condômino não sabia da sua existência; a esposa que estava ao seu lado comentou que tinha esquecido de avisá-lo. Considerando que as pessoas dentro de sua própria casa não conseguem comunicar-se, no condomínio fica muito mais difícil. Por outro lado, a administradora ou o síndico deve ter a preocupação de destinar esses editais, fazendo isso no tempo hábil, necessário, antecipadamente; de recolher as assinaturas no protocolo e, o mais importante, de levar o protocolo do edital para a assembléia. O síndico, junto com a administradora, informa nas assembléias o número de editais entregues com as suas respectivas assinaturas.

Naquela assembléia, foi aprovada a compra de um sistema de segurança para o prédio, orçado em R$ 10.000,00 (dez mil reais). Apesar de o condômino não ter recebido o edital de convocação, foi-lhe perguntado se não poderia participar. O condômino respondeu que tinha um compromisso inadiável, e, mesmo sem ter comparecido à assembléia, teria de pagar as taxas extras.

Boleto Bancário

É o documento em que está expresso o valor (rateado entre os condôminos) das despesas a serem contraídas no mês vigente. O síndico, em assembléia, apresenta o total das despesas a serem pagas por todos e o divide pela quantidade de unidades residenciais ou comerciais. Essa divisão é feita proporcionalmente pelas quotas ou pela fração ideal da área em metros quadrados. Quem tem maior área paga mais, quem tem menor área paga menos. Os vencimentos dos boletos são, geralmente, no início de cada mês. Isso facilita os pagamentos das despesas (*água, luz, elevador, funcionários, etc.*) que vencem nessa época. Para que um condomínio tenha as contas organizadas, todos os condôminos devem pagar a taxa no dia do vencimento. Isso facilita a arrecadação da receita e, conseqüentemente, a liquidação das despesas.

Dos documentos que fazem parte do condomínio, dissemos que o boleto bancário é de extrema importância; ele tem a receita do condomínio e permite que se saiba o quanto este recebe durante aquele mês, quantas pessoas deixam de pagar as suas taxas ordinárias ou extraordinárias, que são cotas à parte rateadas para todos, conforme planilha de despesa e rateio apresentada pelo síndico. Esse documento viabiliza o condomínio através de meios legais e jurídicos a penalizar o condômino faltoso, ou seja, aquele que deixa de pagar as suas obrigações. Serve também para que o condomínio tenha a preocupação de não deixar que as receitas virem despesas.

Quando um boleto bancário é pago no dia do vencimento e, por um motivo qualquer, o banco não informa ao condomínio através de sua cobrança automática, se o boleto for para protesto, causará uma inquietação, uma inconveniência de extrema insatisfação do condômino. Assim, a despesa reverte-se em receita, com uma ação judicial, com reparos e danos morais causados pelo condomínio, cobrando uma taxa que já foi paga no dia da ação.

O condomínio deve ter fiscalização rigorosa, um acompanhamento preciso para que situações dessa natureza não ocorram. A falta de fiscalização é um dos itens de insatisfação dos condomínios com as administradoras, que chega a ser motivo para a rescisão de contratos. Essa situação deixa o condômino à exposição do ridículo, o nome dele fica sujo na Serasa, SPC, e mais: apresenta-se como inadimplente nas prestações de contas.

Para os funcionários, os boletos bancários são importantes porque eles sabem a quantidade de receita que o condomínio tem, as pessoas que pagam o condomínio em dia ou antecipado. Vamos supor que em um condomínio tenha cem unidades autônomas, cada unidade contribui naquele mês com uma taxa de R$ 100,00 (cem reais), o total das taxas traz para o condomínio uma receita de R$ 10.000,00 (dez mil reais), esse condomínio tem cinco funcionários e a folha de pagamento se constitui em SALÁRIO, ENCARGOS SOCIAIS, TAXAS (FGTS, PIS, INSS) E VALE-TRANSPORTE. O total dessa folha é de R$ 5.000,00 (cinco mil reais), geralmente a folha de pagamento de um condomínio corresponde a 50% ou 60% da receita.

Na cidade de João Pessoa-PB, um funcionário custa para um condomínio, incluindo salário, encargos sociais, vale-transporte, férias e 13º salário, em torno de R$ 700,00 (setecentos reais – janeiro 2005). É um investimento considerado alto, porque a região não dispõe de muitos recursos; se dividirmos o total da folha de R$ 5.000,00 pela taxa de condomínio de R$ 100,00, encontramos a quantidade de 50 taxas condominiais pagas, para que o condomínio tenha dinheiro da sua folha de pagamento. O condomínio não tem desculpa por não pagar os salários dos funcionários em dia se essas taxas forem pagas. Nós que administramos condomínio usamos uma tabela com critério de prioridades:

- **Prioridade 0:** o salário é depositado na conta do funcionário no dia 29 de cada mês para que, no dia 30, este possa sacar seu dinheiro. Por que temos que depositar? Ao administrarmos um condomínio, a primeira reivindicação que fazemos para o síndico é que seja aberta uma conta-salário no banco para cada funcionário. Isso vai proporcionar melhor conforto e o funcionário não sairá do condomínio para enfrentar fila, perdendo algumas horas de seu trabalho. Outro ponto importante: o empregado não é obrigado a sacar todo o dinheiro do valor do cheque, diminuindo o risco de ser roubado.

- **Prioridade 1:** vale-transporte – a entrega desse documento facilita o deslocamento dos funcionários para o emprego. Os vales têm de ser entregues junto com o contracheque; infelizmente, algumas administradoras e síndicos não fazem isso, e os funcionários, em sua maioria, compram com o seu próprio salário. Quando o síndico não entrega os vales corretos e no período adequado, acontece de os funcionários não irem para o trabalho e, muitas vezes, o síndico acaba buscando-os em casa.

- **Prioridade 2:** encargos sociais – se houver algum problema de demissão, o condomínio não terá nenhuma dificuldade para acertar as contas daquele funcionário que está sendo demitido sem justa causa. A orientação que damos para o condomínio que prevê demitir um funcionário é colocá-lo de férias e, após o retorno ao trabalho, deixá-lo em aviso prévio. Se for um funcionário rebelde, o correto é pagar esse aviso com as demais vantagens que ele teria. O condomínio não pode insistir com esse tipo de funcionário, o mês que ele vai passar de aviso trará para os demais condôminos e funcionários muitos problemas. Quando o condomínio está com todos os encargos sociais pagos, salário em dia, férias fornecidas, as despesas com a rescisão serão menores, basicamente o condomínio pagará o salário do mês, o aviso prévio e as férias proporcionais.

- **Prioridade 3:** o pagamento da companhia de água – um condomínio quando fica sem fornecimento de água passa por um transtorno muito grande. Fizemos uma pesquisa para que os condôminos e os moradores escolhessem entre o fornecimento de água e de energia; por unanimidade, escolheram o primeiro.

- **Prioridade 4:** a luz do condomínio.

- **Prioridade 5:** o pagamento da administradora.

- **Prioridade 6:** a necessidade de fornecedores.

Isso se pratica quando as taxas pagas no dia do vencimento forem de 30% da arrecadação no vencimento, dia 5 de cada mês. Quando chegar no dia 20, o condomínio terá arrecadado mais de 20% de receita, somando um total de 50% de arrecadação; garantem-se, assim, as prioridades. Poderíamos perguntar: como é que o funcionário vai saber a quantidade de condôminos que pagaram o condomínio?

É simples: os condôminos falam com orgulho quando pagam as taxas do condomínio em dia ou antecipado. O síndico e a administradora têm obrigação de informar aos funcionários, caso perguntem quantos condôminos pagaram a taxa condominial em dia. O que não pode é o condomínio atrasar o pagamento dos funcionários. Existem condomínios que trabalham de acordo com a lei, pagando os empregados até o quinto dia útil do mês subseqüente. Não aconselhamos esse procedimento. Administramos de forma indireta: temos cerca de 400 funcionários na cidade de João Pessoa, e, no dia 29 de cada mês até meia-noite, o dinheiro já está depositado, para que no dia 30 o funcionário possa começar a sacá-lo de acordo com as suas necessidades. Isso varia e depende muito da administração do condomínio. Um funcionário satisfeito, recebendo o salário em dia, presta um bom serviço, motivo pelo qual não se justifica o atraso.

Por tudo isso, o boleto bancário é muito importante para a convivência e a satisfação das necessidades dos empregados. Quando falamos que um funcionário com o seu salário em dia conduz seu emprego de maneira feliz, é porque a experiência que temos em administrar empregados nos permite falar de situações reais de satisfação ou insatisfação.

* * *

A nossa empresa prestava serviço de vistoria e assistência diária nos prédios. O trabalho de vistoria consiste em apurar se os funcionários executam todas as atividades do dia, através de um relatório em que computamos se o serviço está bom, regular ou ruim. Após essa avaliação, verificamos se todas as condições de trabalho são satisfatórias. Se existirem falhas nesses aspectos, os síndicos não podem reclamar. Mas se todas as condições de trabalho estiverem funcionando corretamente, se o salário é pago em dia, se o material necessário se encontra à disposição dos funcionários, se existe toda uma orientação para que as atividades sejam realizadas devidamente, os funcionários, nesse caso, é que não podem reclamar. Eles têm a obrigação de fazer os serviços e cumprir os horários de acordo com o que foi estipulado no contrato e na sua carteira de trabalho. Há os profissionais que têm compromisso com o seu trabalho, mas, infelizmente, também existem amadores, que fazem o serviço de qualquer jeito, na maioria das vezes, sem nenhum compromisso.

O funcionário tem a obrigação de executar bem o seu trabalho em qualquer circunstância, mas, principalmente, se não existe nenhuma divergência, se ele não foi desacatado financeira ou moralmente, se não foi agredido ou humilhado. É muito importante para quem administra questionar o funcionário e perguntar:

COMO ESTÁ O SERVIÇO?

Ele responde:

NÃO ESTÁ BEM.
POR QUE NÃO ESTÁ BEM?

Ele:

ATÉ ESTE EXATO MOMENTO NÃO RECEBI MEU DINHEIRO.

Outra situação de resposta:

> NÃO ESTOU BEM, PORQUE O CONDÔMINO DO APTº 401 ME AGREDIU MORALMENTE, DISSE QUE EU ERA UMA PESSOA INCOMPETENTE E QUE NÃO SABIA FAZER O SERVIÇO.

Poderia também dizer:

> O CONDÔMINO DO APTº 401 CHEGOU EMBRIAGADO E ME TRATOU MAL FISICAMENTE PORQUE EU NÃO FIZ O SERVIÇO DIREITO.

É importante que todos os condôminos fiquem sensibilizados e cumpram com sua obrigação, que é pagar o condomínio em dia. Isso tornará a convivência em grupo mais fácil e o síndico administrará as relações interpessoais com mais entusiasmo, beneficiando principalmente os funcionários e os fornecedores.

Da mesma maneira que existem as pessoas, os documentos que fazem partem do condomínio, há também os que circulam e contribuem para a convivência condominial, de maneira positiva ou negativa. Se esses documentos forem manuseados de maneira correta, trará para a gestão do condomínio uma convivência pacífica, caso contrário, os conflitos surgem e o síndico ou o administrador terão de usar ferramentas adequadas para manter a tranqüilidade e a motivação.

Protocolo de Entrega

Todas as correspondências e os objetos que circulam nos edifícios, e que serão repassados por qualquer pessoa (porteiro, zelador, condôminos ou empregados), têm de ser protocolados. O objetivo é verificar o destino desses. A pessoa que vai passá-los tem a obrigação de registrar o evento. Até aquele o momento, a única responsabilidade da posse do documento ou objeto era do emissor. Há pessoas que não percebem o grau de importância de cada um deles, por isso relaxam no cumprimento do seu dever. Os protocolos são documentos que já existem no mercado. Na sua falta, a pessoa pode criar um para ficar protegido. Alguns funcionários acham deselegante pedir a alguém para assinar o protocolo, mas essa prática deve ser constante, caso contrário, o funcionário que estiver no horário de serviço será prejudicado.

As pessoas estão sempre procurando culpar as outras, seja de maneira direta, seja de maneira indireta. No entanto, ninguém assume, na maioria das vezes, as responsabilidades dentro do condomínio, principalmente quando os atos praticados pelos condôminos e moradores se transformam em problemas.

Eu sempre digo que o que nasce organizado crescerá e morrerá organizado, quando se quiser desmanchá-lo antes do tempo, será mais fácil. Por outro lado, quem nasce desorganizado poderá até ser organizado, mas requer tempo e dinheiro para isso. Às vezes, as pessoas pensam que a organização é perda de tempo, achando que são etapas queimadas do processo de rapidez, não percebem quando estão em situações desconfortáveis e às vezes sob pressão, situações em que se questionam as outras e que temos de provar, ou seja, se você não for uma pessoa burocrata, não se consegue o sucesso. Então, protocolo não é para pessoas preguiçosas, e sim para pessoas espertas e organizadas, buscando em si a responsabilidade que exige dos outros.

Existem diversas situações em que o funcionário e os condôminos já viveram momentos de muitas divergências. O empregado que não tem certa postura nem convencimento de maneira firme e não consegue argumentar para convencer o morador será colocado para trás por este.

O condômino pode alegar que não vai assinar o documento porque está com muita pressa, o porteiro, por sua vez, entrega o documento ao condômino sem recolher sua devida assinatura no protocolo, confiando na sua palavra. Isso não quer dizer que o condômino seja uma pessoa ruim, às vezes, há pessoas que são ocupadíssimas e que, por infelicidade, perdem o documento que foi entregue, sem ter assinado seu recebimento.

Aconselhamos aos funcionários dos condomínios que não deixem de recolher as assinaturas dos documentos que forem entregues. Existem condomínios em que os funcionários são orientados para colocar qualquer documento embaixo da porta do apartamento, documentos importantes como fatura de luz, cartão de crédito e talão de cheque. Não recomendamos essa prática.

Citaremos um exemplo em que o Correio entregou o talão de cheques no condomínio especificamente ao porteiro. Este, percebendo do que se tratava, pediu que o faxineiro o entregasse no apartamento do condômino, já que era costume colocá-lo debaixo da porta. O faxineiro subiu até o apartamento, mas, ao perceber a facilidade de adquirir aquele documento, simplesmente pegou o talão e levou para casa. Aquele funcionário, que tinha pouco tempo de trabalho (cerca de quatro meses), repassou para uma gangue de talão de cheques que comprava para clonar ou passar no comércio. Após alguns dias, o condômino, quando foi verificar seu saldo bancário, observou a falta de caixa disponível em sua conta corrente. O detalhe dessa história é que os cheques eram preenchidos abaixo do valor superior da compensação. Houve R$ 2.000,00 em saques advindos pela compensação, estourando a conta do condômino, e mais R$ 3.000,00 em cheques devolvidos, totalizando as 20 folhas. Depois daquele prejuízo, o condômino foi ao banco onde foi feito o levantamento dos saques na conta daquele talão e verificou o nome da empresa, e o funcionário que fez a entrega foi solicitado pelo cliente (condômino) junto com a xerox do protocolo, ou seja, do documento com a assinatura do porteiro. O condômino comunicou o ocorrido ao síndico, que fez uma reunião com todos os funcionários, acusando o porteiro e dizendo que o caso estava na polícia. O porteiro disse que tinha pedido ao faxineiro para entregar o documento no apartamento indicado. Resultado: os dois foram para a delegacia de polícia, o faxineiro confessou o que fez com o talão de cheques e foi preso.

Nesse condomínio, tinha-se o hábito de colocar todos os documentos por baixo das portas e muitos já tinham sido extraviados, principalmente boletos bancários de taxas condominiais. Todo documento tem de ser entregue protocolado à pessoa destinada. Isso não quer dizer que o documento só poderá ser entregue à própria pessoa. Qualquer pessoa que mora na residência (ou familiares daquele condômino) poderá recebê-lo.

Existem cerca de 90% dos condomínios que executam esse procedimento, através dos zeladores. O lado negativo da burocracia é que os funcionários acham que esse serviço vai atrapalhar a seqüência de sua tarefa. Por exemplo: em um condomínio com mais de cem apartamentos, essa entrega demora muito e talvez custe caro para o condomínio protocolar todo o documento diariamente. Há quem diga que condomínio é sinônimo de burocracia, mas este é o procedimento correto, pode até ser cansativo, mas evita maiores problemas.

Citamos o exemplo de um condomínio também administrado por nossa empresa: várias pessoas assinavam a revista CARAS, principalmente as mulheres. Um porteiro recebeu a revista de um condômino que tinha seu apartamento como moradia de praia para veraneio (esse morador só usava o seu apartamento três vezes ao ano, nos meses de dezembro, janeiro e fevereiro até o carnaval) e, para agradar a um condômino de sua simpatia, ofereceu-lhe a revista. Acontece que o porteiro não foi comunicado pelo condômino proprietário da assinatura da revista que tinha solicitado à editora uma transferência, e a revista passaria a ser entregue naquele endereço. Quando esta chegou no condomínio, o porteiro, como não sabia que o morador tinha modificado o endereçamento de entrega, estranhou, porque aquele documento até então nunca tinha ido para o condomínio. O porteiro não sabia o que fazer, porque houve falha de comunicação por parte do morador que não o avisou sobre a assinatura.

A revista daquele mês falava de verão, com algumas matérias ecológicas. A moradora tinha um filho que estudava na terceira série do ensino fundamental e estava fazendo uma pesquisa para a feira de ciências da escola cujo assunto era ecologia. A moradora perguntou ao funcionário de quem era aquela revista e, mais uma vez para agradar, ele disse que a revista veio por engano e que podia ficar com ela. O filho da moradora recortou algumas matérias para o trabalho escolar. Na mesma semana, o proprietário do apartamento chegou para passar as férias, e a primeira coisa que a esposa do condômino perguntou foi sobre a revista CARAS que tinha mudado de endereço. O porteiro respondeu que a revista CARAS não estava no condomínio e que não tinha chegado até aquele momento. A proprietária questionou a Editora dizendo que não tinha recebido a revista, então a empresa enviou cópias do recebimento assinado pelo porteiro. Depois de apurar os fatos, a moradora foi até o funcionário com o protocolo na mão e mostrou a ele, dizendo que ele tinha recebido a revista. O funcionário tentou sair da situação, dizendo que tinha esquecido, que tinha entregado à moradora do apartamento 601 e que o mais rápido possível iria providenciar o retorno da revista. O porteiro interfonou para a moradora do 601 pedindo a revista, e ela comunicou que a revista estava toda cortada. Diante desse episódio, o funcionário pagou a revista e o proprietário pediu que este fosse demitido, alegando que não merecia confiança. Com o passar do tempo, verificou-se que aquele funcionário não procedia de maneira correta na execução das suas atividades, e apareceram outros casos de extravio de documentos. O funcionário foi demitido.

Livro de Ocorrência

Geralmente com folhas enumeradas, esse livro tem por finalidade registrar as ***ocorrências*** do condomínio do edifício. É expressamente proibido utilizá-lo para outras finalidades, devendo permanecer na portaria do condomínio, sob a responsabilidade dos porteiros, das recepcionistas e dos zeladores. Devem ser registradas apenas as **ocorrências anormais** verificadas pelos funcionários, pelos condôminos e, principalmente, pelo síndico, lavrando-se a **ocorrência** de modo objetivo e sucinto.

> *Para efeito de registro neste livro, por "ocorrência anormal" compreenda-se incidentes e fatos não normais que se verificarem no âmbito interno do condomínio, os quais, direta ou indiretamente, venham infringir a tranqüilidade e a segurança dos condôminos.*

Esse livro gera expediente administrativo para o síndico ou para as administradoras tomarem as devidas providências das **ocorrências anormais**.

O livro de ocorrência é que vai ajudar tanto a administradora quanto o síndico a administrarem o condomínio. É um livro no qual reunimos qualquer ato anormal, quando se orienta alguém, quando se explica que uma pessoa está errada, ou seja, quando algum condômino não exerce a sua plenitude de direitos e deveres, prejudicando outros com seus atos e atitudes; é necessário que essas anormalidades fiquem registradas no livro de ocorrência. A única coisa que nós da administradora registramos de normal no livro de ocorrência e orientamos é a passagem de turno dos funcionários. Nesse caso, serão registradas tanto as anormalidades como as normalidades, porque é através do livro que o síndico, junto com a administradora, gera os expedientes, os comunicados, as advertências e o contato pessoal com toda a sociedade comunheira.

Tudo isso é porque os condôminos moradores, funcionários e visitantes se enquadram na lei da convenção e no regimento interno do condomínio. Existem, infelizmente, condomínios que fazem desse livro de ocorrência uma verdadeira arma de combate entre moradores, onde qualquer coisa é ali colocada; ou seja, o livro passou a ser um elemento de lamentações, xingamentos e ousadias. Alguns condôminos na cidade de João Pessoa eliminaram o livro de ocorrência.

Há casos em que os condôminos chegam a se insultar mutuamente através do livro de ocorrência. O condômino insultado responde o insulto e, conseqüentemente, há uma réplica, uma tréplica, ou seja, uma série de situações desagradáveis. Houve casos em que nós pegamos um livro de ocorrência (praticamente umas cinco a seis folhas) só com recados dos condôminos. Quando o livro de ocorrência realmente perde a sua finalidade, aconselha-se que essa administração o elimine e passe a usar alguns modelos de comunicação interna. Se uma pessoa se sente prejudicada, ela faz a comunicação interna para o síndico em duas vias, deixa uma com o porteiro para que ele a entregue ao síndico e fica com uma cópia, para o caso de a administração do condomínio não resolver o problema.

É importante frisar no livro de ocorrência a participação da administradora, porque se esta não faz a vigilância permanente do livro, se ela não o fiscaliza (registrar também a sua própria passagem pelo condomínio), este perde sua finalidade. Alguns síndicos mal passam pela guarita e, principalmente, não pegam os livros de ocorrência para ver o que aconteceu de anormal durante aquele expediente. Os livros de ocorrência realmente servem de apoio aos livros de protocolo, porque, quando os livros de protocolo não se encontram na guarita, o funcionário, o porteiro ou o zelador passam a registrar as entradas e as saídas de pessoas estranhas através do livro de ocorrência, bem como as entregas de correspondências e documentos importantes que também são ali registradas. Por isso é que esse livro é de extrema importância. Caso o condomínio venha a sofrer algum atentado, o livro de ocorrência serve para apurar os detalhes. Outra coisa importante é que esse livro não pode ser rasurado e deve ser arquivado durante cinco anos junto com toda a documentação do condomínio.

Livro de Ponto

O livro de ponto avalia a freqüência de cada funcionário. É através dele que o síndico e as administradoras fazem a escala de serviço do mês e a folha de pagamento, colocando os dias trabalhados nos feriados ou acrescentando as horas extras. Esse fica na portaria para facilitar a fiscalização pelo Ministério do Trabalho.

Esse livro é obrigatório por lei pelo Ministério do Trabalho, e sua maior finalidade é justamente que o funcionário assine seu ponto, sua entrada e sua saída. É importante frisar que é através dele que as administradoras e o condomínio geram suas folhas de pagamento. Há funcionários que infelizmente não sabem manusear o próprio livro de ponto; chegam a traficar assinaturas indevidas. O livro de ponto tem de ser preenchido diariamente, mas há funcionários que o preenchem antecipadamente todo o mês ou no fim do mês.

É através do livro de ponto que a administradora focaliza os horários dos funcionários. Se um funcionário chega atrasado, para que se possa render outro, é necessário que sejam registradas sua entrada e sua saída.

O que nós fazemos? Pegamos a hora a mais que foi trabalhada por esse funcionário e descontamos do outro funcionário que provocou esse atraso. O desconto é revertido automaticamente para o funcionário que está sendo sacrificado. Adotamos um critério que estabelece que a cada meia hora de atraso o funcionário perde uma hora. Se o funcionário tem de chegar às 19 horas para render o outro que entrou das 7 às 19 horas, em uma escala de 12 por 36 horas, e chega às 19 horas 30 min, nós debitamos uma hora a menos de trabalho desse funcionário; se chega às 20 horas, continua perdendo a sua hora de trabalho; e ao chegar às 20 horas 30 min, perde duas horas de trabalho.

Essa foi maneira que encontramos (na cidade de João Pessoa, nos condomínios que administramos) de minimizar o retardamento dos funcionários faltosos que gostavam de explorar os corretos. Fica claro que se o funcionário que está sendo rendido, se o funcionário que vai ser substituído na sua escala de serviço não reclamar, infelizmente não podemos debitar do funcionário faltoso; só debitamos quando o funcionário que vai ser substituído se sente lesado e reclama. Lógico que é natural que todos os funcionários podem se atrasar, mas devem procurar, de maneira rápida, antecipar a notícia de que vai chegar atrasado, ligar para o síndico, para a administradora ou para o próprio funcionário.

Na maioria dos condomínios que administramos, suas portarias têm o seu próprio telefone, e, quando acontecia alguma eventualidade com esse telefone, impossibilitando o funcionário de avisar acerca do atraso com antecedência e por motivo justo, obviamente, o argumento posterior do funcionário era aceito. O que não se pode aceitar é que o funcionário abuse da compreensão que lhe é dada e crie eventualidades e argumentos insuficientes, ou seja, que se atrase por motivos que não são justificáveis. Esse critério de aceitação e não-aceitação do atraso, de acordo com as justificativas apresentadas, faz com que os funcionários se tornem mais responsáveis e pensem mais no colega que está à sua espera e que já passou 12 horas trabalhando. Geralmente, o funcionário que mais se aborrece com o atraso de quem o vai substituir é o que cumpre a escala noturna, com horário de entrada às 19 horas e de saída às 7 horas do dia seguinte.

Livro de Atas

As atas são os registros das manifestações de vontades dos condôminos. Essas atas serão feitas em um livro específico, regulamentado pela convenção de cada condomínio. Nesse livro, constará um termo de abertura com sua finalidade e a assinatura do síndico. Constarão também todas as decisões das assembléias, para posterior consulta no caso de dúvida. Essas atas também podem ser digitadas e depois coladas, para facilitar a leitura.

Uma ata precisa ser bem organizada, seguida de todos os parâmetros e de toda a burocracia orientada pela lei, porque é a ata que vai conduzir os relacionamentos das pessoas.

É importante que conste nas atas tudo o que foi registrado nas assembléias. Uma ata bem elaborada inclui em seu cabeçalho o edital de convocação, a data e o local onde foi realizada a assembléia e, ainda, o nome de quem presidiu, de quem secretariou e a pauta correspondente a tal assembléia. Por último, o cabeçalho deve apresentar o *quorum* mínimo observado na assembléia.

Como já foi dito anteriormente, as atas precisam ser registradas em cartório para se tornarem públicas e de livre acesso aos condôminos. Infelizmente, há casos em que condôminos e síndicos colocam as atas debaixo do braço ou em suas gavetas particulares e não permitem que ninguém mais tenha acesso a esses documentos.

O livro de ata é importante porque contém toda a vida condominial com relação às assembléias. É onde estão registradas e localizadas as reuniões do condomínio, onde se encontram todas as manifestações de vontade.

Livro de Assinaturas das Assembléias

Para que os condôminos participem das assembléias, é necessário que cada um registre sua presença conforme o edital de convocação. Existem convenções que estabelecem o *quorum* mínimo para a realização das assembléias. De acordo com o número do apartamento, cada condômino assinará o livro, podendo ainda representar outros condôminos de acordo o que estabelece a convenção. Esse livro faz parte da ata e é nele que serão registradas a relação de pessoas que participaram da assembléia e as ocorrências feitas pelos condôminos. Existe uma relação entre o livro de ata e o livro de assinaturas; eles não podem ser separados, porque um depende do outro. O livro de assinaturas é que dá início às reuniões e é através dele que o *quorum* é observado. A legalidade das reuniões, tanto as ordinárias quanto as extraordinárias, é estabelecida, como já foi dito, pela convenção.

É importante que quem estiver secretariando a reunião peça que os condôminos coloquem seus nomes no campo de nome de maneira legível, de preferência com letra de fôrma. No campo de assinatura, devem colocar sua rubrica ou assinar para que aquele que for digitar a ata não tenha dificuldades em compreender o que está escrito.

Houve casos em que o secretário não entendeu o nome de um condômino (esse condômino era o presidente do conselho, o responsável pela assinatura do talão de cheques do condomínio). Depois de tudo pronto, de tudo registrado, o nome digitado não coincidiu com o desse condômino em sua carteira de identidade, e o banco rejeitou porque o nome da pessoa que ia assinar não poderia estar diferente.

Há instituições financeiras que são muito exigentes. Por exemplo, se o condômino chama-se Marcos Aurélio dos Santos e o secretário entende e digita Marco Aurélio dos Santos, com certeza, a financeira rejeitará o documento.

Além dos documentos que fazem parte do condomínio e ajudam na gestão de pessoas, há os que circulam no prédio e contribuem muito para uma boa administração. Podemos citar aqui as cartas comuns, mala-direta, carta registrada, mandado/convocação judicial, assinaturas de revistas e jornais. De maneira rápida, definimos cada um.

- *Carta comum:* é a correspondência que normalmente circula pelos Correios, podendo ser trocada entre particulares.

- *Mala-direta:* é a propaganda distribuída em grande número para divulgar um produto ou um serviço.

- *Carta registrada:* é a correspondência que exige um recebimento identificado no ato da sua recepção.

- *Mandado/convocação judicial:* é o documento entregue através de um oficial de Justiça, que deve ser recebido necessariamente pelo destinatário.

- *Assinatura de revista/jornal:* é uma publicação recebida pelo destinatário, que pode ter periodicidade diária, semanal, quinzenal, mensal, etc.

Dos documentos recebidos no condomínio, vamos destacar as cartas registradas. Muitas vezes, o funcionário não percebe a diferença entre uma carta comum, uma mala-direta e uma carta registrada, devido à grande quantidade de documentos que chegam ao condomínio. Quando o carteiro chega para entregar as correspondências, muitas vezes, os destinatários não se encontram no edifício. Então, o porteiro ou o zelador assina um documento de recebimento para comprovar a entrega, mas esses funcionários às vezes se recusam a assinar, porque não querem comprometer-se. O funcionário não pode sentir-se prejudicado, nem se recusar a assinar o comprovante de entrega das correspondências, porque ele está lá justamente para representar os condôminos, que geralmente estão impossibilitados de receber os documentos pessoalmente.

O fato de o porteiro ou o zelador não assinar o comprovante de entrega dos documentos, por medo ou falta de conhecimento, pode acarretar uma série de complicações, chegando até a devolução do documento ao remetente. E nova entrega só será feita após 24 horas. Se mais uma vez não encontra o destinatário ou um responsável que receba a correspondência, esta será devolvida ao remetente e o trânsito de ida e vinda levará em média dez dias, sem falar no prejuízo com a despesa para o envio do documento.

O morador do condomínio que aguarda um documento e não o recebe passa a se sentir prejudicado, e o funcionário responsável pelo recebimento das correspondências do prédio certamente sofrerá punições mediante a reclamação desse morador. Portanto, quem exerce a função de porteiro ou de zelador e está ali para representar os condôminos, os proprietários ou os moradores têm a obrigação de receber as suas correspondências e entregá-las posteriormente. Nem o remetente, que paga pelos serviços caros que são cobrados pelos correios, nem o destinatário podem ser prejudicados.

Essa situação também se aplica ao caso de uma convocação judicial. Muitas vezes, os oficiais de Justiça vão aos prédios convocar um condômino para comparecer à Justiça e, na falta deste, o porteiro se sente ameaçado, tem medo de firmar a sua assinatura no protocolo. Um oficial jamais mandaria que esse funcionário assinasse um documento que não é seu, que pudesse prejudicá-lo. Existem documentos que só podem ser entregues ao próprio destinatário, mas há outros, por exemplo, que podem ser recebidos pelo funcionário que representa o condomínio. Se o documento tiver de ser rigorosamente entregue ao destinatário e isso não acontecer, é de inteira responsabilidade do oficial de Justiça, e não do funcionário do prédio que o recebeu.

Avisos de cobrança enviados por cartório, uma ação movida pelo prédio contra um condômino inadimplente, ou seja, documento que tem de ser entregue diretamente aos destinatários, ficam emperrados pelo fato de os moradores nunca se encontrarem em casa nos horários de entrega. Isso retarda muito as cobranças.

Uma outra questão que tem polemizado bastante a convivência condominial é a assinatura de jornais e revistas. Na cidade de João Pessoa, existem grandes empresas fornecedoras de notícias, como o *Jornal Correio*, *Jornal da Paraíba*, *Jornal O Norte* e alguns jornais semanais. Em todos os edifícios, há assinantes de vários desses jornais. A polêmica na convivência condominial tem sido gerada pelo fato de o assinante ser o último a ler o seu jornal. Depois de passar pelo porteiro e pelo zelador, os jornais são lidos pelos moradores que ficam de conversa na guarita, e quando chega nas mãos de seu assinante o jornal está desordenado, amassado, danificado e, às vezes, até trocado ou misturado com outros. Isso também acontece com as revistas, cujas assinaturas geralmente são caras; são revistas específicas e técnicas, vistas pelos seus assinantes como um investimento alto. Um outro tipo de revista que causa muita polêmica é a CARAS, que traz informações sobre a vida artística e pessoal dos famosos e é muito disputada dentro do condomínio, principalmente pelas mulheres.

Aconselhamos que os edifícios montem seus sistemas de recepção: um sistema de colméia, de mala. Assim, documentos importantes, como talão de cheques, extratos bancários, cartões de crédito, boletos, etc. podem ser guardados com segurança.

O sistema de recepção funciona da seguinte forma: ao chegarem as correspondências, o porteiro ou o zelador coloca-as em suas respectivas colméias, em seu respectivo espaço, e só os moradores proprietários dessas correspondências, cada um com a sua chave, podem ter acesso a elas. Adotamos esse sistema nos edifícios que administramos, e problemas relacionados com as correspondências foram resolvidos.

Os Profissionais dos Edifícios

Os profissionais que citaremos aqui em nosso livro são raríssimos e nem todo condomínio dispõe desse tipo de funcionário, principalmente no

Nordeste, onde os prédios geralmente só têm de porteiro, zelador e auxiliar de serviços gerais, que, às vezes, é substituído pelo zelador ou pelo vigia. Alguns edifícios dispõem de zelador e faxineiro, mas a maioria só de um ou outro.

O assessor é um profissional raríssimo e os ascensoristas e recepcionistas são contratados mais em edifícios comerciais. Nos edifícios que têm um número de funcionários superior a dez, escolhe-se um chefe de equipe entre o pessoal da faxina. Esse chefe será chamado de zelador e é ele quem cuida do material e da distribuição das tarefas elaboradas pelo síndico e pelas administradoras, além de fiscalizar o trabalho da equipe diariamente.

De acordo com uma pesquisa feita na cidade de João Pessoa, o número máximo de funcionários trabalhando em prédios residenciais é de quatro funcionários por edifício. Quatro faxineiros trocam de horário de dois em dois, de maneira alternada, em uma escala de 12 por 36 horas. Nesse caso, não há necessidade de um zelador. Primeiro, porque o número de funcionários é muito pequeno; depois, porque seria um custo desnecessário para o condomínio; e, por último, porque todos teriam de trabalhar juntos, nos mesmos dias e horários.

Para esclarecer dúvidas, vamos definir a função de alguns desses funcionários. O faxineiro, como o próprio nome diz, é responsável pela faxina, ou seja, pela limpeza do prédio. O vigia já vem das construções civis (como foi citado no início do livro), que passava a tomar conta da obra do edifício, trabalhando na maioria das vezes das 10 às 22 horas. A responsabilidade desse vigia era tomar conta do material e não deixar ninguém se aproximar da obra. O porteiro noturno é aquele que fica na portaria durante a noite para recepcionar as pessoas, tanto as que se aproximam do prédio quanto as que buscam a comunicação através dos interfones.

O porteiro noturno não pode sair da portaria em nenhum momento, enquanto existir movimento no condomínio. Primeiro porque se um condômino precisar de ajuda imediata, buscará essa ajuda através do interfone, e se o porteiro noturno não estiver na guarita, o condômino ficará sem atendimento, e isso dificultará o socorro de que o condômino necessita. Já o vigia é um funcionário volante, ou seja, a obrigação dele é fazer a ronda, a circulação dentro do prédio no intuito de evitar a aproximação de pessoas estranhas no edifício. A diferença de vigia para porteiro é basicamente essa. Lógico que o porteiro noturno passa automaticamente a ser vigia a partir das 22 horas.

De acordo com o sindicato dos profissionais dos edifícios, o salário do vigia e do porteiro noturno é o mesmo; quem trabalha à noite ganha o mesmo salário, o que diferencia é o adicional noturno e a quantidade de horas que o funcionário trabalha sem interrupção. Se for na escala 12 por 36 horas, o funcionário tem algumas vantagens, que são: o descanso remunerado e a hora extra pelo fato de trabalhar 12 horas.

Para resumir, apresentamos os profissionais dos edifícios nas cidades de João Pessoa e Cabedelo, no Estado da Paraíba.

- **Porteiro:** pessoa que guarda porta ou portaria.
- **Zelador:** pessoa que zela, cuida. Geralmente, é chefe de equipes de faxineiro.
- **Serviços gerais:** pessoa que executa qualquer tipo de atividade; geralmente, detém conhecimentos generalizados, sabe exercer qualquer função global.
- **Faxineiro:** pessoa especializada em faxina, limpeza e arrumação. Em alguns casos, confunde-se com o zelador.
- **Vigia:** pessoa que trabalha no período da noite, das 22 às 5 horas, guardando a portaria ou circulando por todo o condomínio.
- **Assessor:** pessoa que trabalha assessorando o síndico, exercendo uma função de secretário.
- **Ascensorista:** pessoa que atua nos elevadores, manejando-o e orientando as pessoas.
- **Recepcionista:** pessoa que trabalha recebendo e orientando as pessoas, distribuindo correspondências e atendendo ao telefone.

Os Profissionais Terceirizados

Além dos funcionários do condomínio, circulam pelos edifícios comerciais e residenciais os profissionais terceirizados. Esses profissionais têm qualificação técnica, conhecimento diferenciado e ajudam na manutenção e no funcionamento do condomínio. Alguns prédios e condomínios, querendo evitar o alto custo das despesas com os edifícios, estão tentando fazer com que os profissionais de zeladoria ou os faxineiros aprendam também a fazer serviço de piscina, cujo atendimento custa geralmente, em média, na cidade de João Pessoa, entre R$ 50,00 e R$ 70,00 mensais.

Entende-se que para alguns síndicos e algumas administradoras é uma vantagem ter um profissional de serviços gerais ou zeladoria que faça o serviço de um profissional que tem conhecimento técnico. Lógico que com o conhecimento técnico bastante diferenciado, a vantagem de ter um profissional que toma conta de uma piscina é que a responsabilidade é do condomínio, o que não impede o síndico ou as administradoras de punir pelo mau uso e o funcionamento das piscinas.

Antes de destacar alguns profissionais terceirizados, dizemos que bons serviços prestados por eles ajudam muito na gestão de pessoas em condomínio, principalmente os comerciais.

Definimos da seguinte forma esses profissionais:

- **Piscineiro:** São profissionais que detêm o conhecimento de limpar e conservar piscinas. Geralmente, os condomínios contratam essas pessoas para que não causem desvio de função dos funcionários e para que o trabalho seja feito por um especialista.

- **Técnico de elevador:** As empresas que fabricam os elevadores fazem contratos de manutenção para assistir os elevadores. Trata-se de um equipamento muito delicado com relação à segurança e não convém qualquer pessoa ficar manuseando-o. Em caso de dano, caberá à empresa responsável efetuar a manutenção. As empresas de elevadores fornecem cursos gratuitos, que ensinam os funcionários dos condomínios a resgatar pessoas que ficam presas durante uma pane.

- **Técnico em sistema de alarme:** Devido à falta de segurança em nosso país, assunto que vamos tratar nos capítulos posteriores, os condomínios são obrigados a contratar empresas especializadas em segurança eletrônica com monitoração a distância. Essa monitoração é feita através de uma linha telefônica que fica na portaria do prédio. Disparado o alarme, a empresa contata o condomínio. Não sendo atendida, vai até o local para verificar o ocorrido. Em caso de disparo acidental, o funcionário usa uma senha para desligar o alarme.

- **Técnico em extintores de incêndio:** Profissional de empresa credenciada pelo Corpo de Bombeiros, que efetua visita anual, verificando a existência dos extintores e se a quantidade existente é suficiente para a segurança com relação a incêndios, de acordo com o tamanho do prédio. Os extintores são uma exigência do alvará de fiscalização do Corpo de Bombeiros, que é um dos documentos necessários para a emissão da carta de **habite-se**. Existem vários tipos de extintores para cada situação de incêndio, como o CO_2 (gás carbônico), localizado em casa de máquinas para apagar incêndios provocados por eletricidade, e o de pó químico seco, para incêndio de papéis e madeira.

- **Técnico em central de portaria e antenas coletivas:** É um dos equipamentos mais importantes de um condomínio. É pela central de atendimento eletrônico que toda a comunicação do condomínio é feita. Através dela, monitoramos as pessoas na parte interna do edifício. Facilita a comunicação com a empresa de vigilância eletrônica, agilizando o socorro em caso de alarme.

A antena coletiva é o equipamento que transmite os sinais das TVs públicas. Quando o condomínio está em construção, o incorporador compra o equipamento e coloca à disposição dos condôminos. Com isso, a empresa que fornece o equipamento passa a ser responsável por qualquer defeito antes de um ano. Para facilitar a boa convivência dos condôminos, geralmente o condomínio faz um contrato de manutenção com a empresa que forneceu o equipamento. Por isso, temos pessoas especializadas para dar assistência, deixando os funcionários do condomínio isentos dessa responsabilidade.

Os técnicos de elevador, geralmente, são pessoas muito qualificadas, mas, às vezes, quando vão fazer os serviços de vistorias nos respectivos condomínios que têm contrato, infelizmente, não são bons profissionais. Em alguns condomínios que administramos na cidade de João Pessoa, os técnicos que fazem a vistoria não tomam certos cuidados com a limpeza do prédio. Muitas vezes, deixam suas caixas de óleo, suas latas de óleos lubrificantes de peças e máquinas e suas buchas de limpar as mãos nas casas de máquinas, parafusos soltos caídos pelos corredores, pedaços de fios que são cortados para fazer ligamentos com outros fios e algum botão que ajuda a facilitar a sinalização do edifício.

Em resumo, um profissional que não tenha responsabilidade e carinho pelo contrato que tem com o condomínio dificultará tanto a administração do síndico como a da administradora, pois eles deixam toda a faxina e a limpeza para os funcionários do prédio. Muitas vezes, os profissionais terceirizados encontram os locais limpos e, quando saem da manutenção, deixam-nos totalmente sujos. Temos reclamado bastante com algumas empresas que prestam esses serviços, e algumas delas têm melhorado muito essa questão da qualidade do trabalho terceirizado.

Os técnicos de sistema de alarme, como dito anteriormente, infelizmente são profissionais que, juntamente com os técnicos de centrais telefônicas de antenas coletivas, que às vezes advêm de empresas que prestam esse serviço unificado, causam muitos problemas nos condomínios. Sabemos que 90% da comunicação de um condomínio acontece na portaria, através da central telefônica, que, por mais que seja assistida, deve ser vistoriada com uma manutenção rigorosa, pois o desgaste é muito grande. Primeiro, porque as pessoas não colocam os interfones de maneira correta nos seus locais; segundo, porque os porteiros ou os zeladores acionam as teclas de maneira inadequada, chegando, muitas vezes, a danificar as teclas que fazem a comunicação dos apartamentos.

Quando uma portaria fica sem comunicação, toda a responsabilidade passa para os funcionários, o que provoca uma grande dificuldade na comunicação dos condomínios. Portanto, se os profissionais de condomínio começarem a denunciar porteiro, zelador ou faxineiro, por não serem pessoas sensatas que vejam o outro lado, ou pessoas enfáticas que vejam a dificuldade futura dos condôminos, terão de ser mais rigorosos com relação aos técnicos, que, muitas vezes, vão embora sem resolver o problema para o qual foram chamados para consertar.

Já aconteceram casos, na cidade de João Pessoa, em que uma empresa contratada para fazer a manutenção de condomínios, ao ser acionada para vistoriar a antena coletiva – porque alguns canais não estavam funcionando, ou seja, não estavam recebendo bem os sinais de suas torres –, um funcionário chegou ao absurdo de dizer ao proprietário de um apartamento que ele deveria trocar seu televisor, pois já era velho. O proprietário perguntou o que o técnico tinha a ver com isso, pois quem decide se troca ou não o aparelho é ele e não o técnico, limitando-se este a deixar os canais funcionando. No entanto, se todos os televisores do prédio estão funcionando bem e só o daquele apartamento não funciona, cabe ao proprietário observar que a obrigação do técnico não é condenar o televisor, e sim fazer o reparo das antenas coletivas.

Em um condomínio comercial, onde existam 20 extintores de incêndio, a orientação que recebemos das empresas que trabalham com esse material é que eles não devem ser recolhidos para manutenção de uma só vez, e sim por partes, pois, se houver algum problema de incêndio no condomínio, este terá extintores para apagar o fogo – então o profissional da empresa recolheria os dez primeiros extintores.

Um caso interessante foi o dos profissionais técnicos de extintores de incêndio que, ao fazerem a manutenção em um condomínio, por exemplo, o profissional da portaria, o faxineiro ou zelador não conferiam as referências de cada extintor, e quando os técnicos levavam os extintores para enchê-los e fazer a manutenção, muitos retornavam do mesmo jeito porque não eram conferidos pelo porteiro ou zelador. Portanto, os profissionais de condomínios, tanto comerciais como residenciais, devem ser vigilantes com os profissionais terceirizados que prestam serviço no prédio.

Existem casos em que o síndico marca uma determinada hora com esses profissionais para passar o serviço do jeito que ele deve ser feito, mas, muitas vezes, não orienta os funcionários sobre a necessidade de o serviço ser feito na presença dele.

O profissional terceirizado, então, acaba realizando o serviço sem a presença do síndico. Este, se encontrar o serviço mal executado, passa a responsabilidade para a portaria.

Existem, também, casos em que o profissional terceirizado, que tem sua rotina semanal, por exemplo, os piscineiros que fazem a manutenção, falta e não comunica sua ausência ao supervisor do edifício. Muitas vezes, a ausência desses profissionais não é observada, e o condomínio fica no prejuízo porque continua a pagar o contrato integral mensal.

Vamos Falar Agora sobre o Profissional da Portaria

Para entender melhor o que vem a seguir, definiremos o que é um porteiro, como ele se apresenta e a função desempenhada na execução de sua atividade.

Conceito de Porteiro

Pessoa que toma conta de uma ou mais passagens estreitas chamadas de portaria, cobrando satisfação de quem pede passagem. O porteiro é responsável pela porta de cada apartamento ou salas existentes em um condomínio, evitando a aproximação de pessoas estranhas sem prévia autorização.

Tipos de Porteiro

Ativo: Esse profissional está sempre procurando o que fazer. Não espera pelas ordens, é consciente das suas responsabilidades. Está pronto para servir antecipando suas tarefas. Geralmente, é uma pessoa que fala muito, é inquieto, não sabe esperar.

Conselheiro: Profissional que tem certa experiência, está sempre aconselhando os colegas, exerce certa liderança, é muito observador, sabe tudo e não demonstra fraqueza. Fala só o necessário.

Vigário: Esse é o oposto do conselheiro. As pessoas o procuram para falar dos seus problemas, usam a guarita como um sacramento de confissão. Funcionários, moradores, proprietários, inquilinos e funcionários desabafam com ele. Infelizmente, não guarda segredo e acaba repassando para as pessoas aquilo que lhe foi dito, causando transtorno dentro do condomínio.

Envolvido: Esse profissional não consegue trabalhar nem viver sem envolver-se em uma confusão ou fofoca. Geralmente, procura saber da vida de todos os condôminos; por isso, quando surge qualquer anormalidade dentro do condomínio, as pessoas passam a acusá-lo. Pessoas com esses comportamentos, infelizmente não merecem confiança.

Discreto: É aquele profissional que todo mundo quer como funcionário. É educado, passa muita segurança. É reservado em palavras e atos, executa suas atividades com muita prudência e é citado como exemplo de um bom funcionário nas reuniões. Devido a esse comportamento, está sempre conseguindo o que deseja.

Indiscreto: esse profissional tem uma semelhança com o funcionário envolvido, fala demais, não mede as palavras, fala alto, não guarda segredo. Infelizmente, existem condomínios que trabalham com esse tipo de profissional e ninguém consegue dispensar, por ter sido selecionado pelo síndico.

Funções de um Porteiro

Atender (receptivo e informativo): essa função é a primeira que um profissional de portaria executa. As pessoas, ao se aproximar da portaria, têm que iniciar a sua apresentação, dizendo o que desejam, para que o funcionário as oriente da melhor maneira possível. Para isso, o profissional tem de estar pronto para receber o visitante, recepcionando-o bem, e passar todas as informações desejadas. Nos capítulos posteriores, estudaremos o atendimento de maneira mais completa.

Obstacular: um visitante, ao perceber que existe alguém na portaria, terá de se identificar. Esse é o primeiro obstáculo natural que as pessoas enfrentam. A sua ultrapassagem depende do seu objetivo e a maneira como o visitante se apresenta.

Guardar: essa função é exercida a partir do momento em que o funcionário assume o seu posto de trabalho. A comunidade espera que o profissional esteja sempre alerta, guardando o seu patrimônio, evitando vandalismo, depredações, pichações e algazarra, tanto por parte das pessoas estranhas à comunidade como pelos moradores. Em relação às pessoas estranhas, ele tem poder e autoridade de interceptar, cobrar o cumprimento da ordem, procurar as autoridades competentes. Quanto aos condôminos, a sua função é de orientar, caso eles insistam nas irregularidades. O profissional faz a ocorrência e espera providência do síndico e dos demais administradores.

Auxiliar (servir): essa é uma das funções mais importantes do profissional. Está ligada à própria personalidade. O ato de servir é uma coisa que nasce conosco. Antes, as pessoas eram obrigadas a servir. A palavra servir vem do período feudal, em que as pessoas se dedicavam inteiramente aos senhores, sem ter direito a nada. O profissional que é pago para servir não pode recusar a auxiliar as pessoas dentro de um condomínio. Os condôminos sentem a necessidade de um auxílio, seja nas compras do supermercado, seja na troca de um botijão de gás, seja no apertar do botão do elevador ou na iniciativa que o funcionário apresenta para os condôminos antecipando seus serviços. ***"Posso ajudar, senhor(a)?"***

Telefonar: como já vimos nos capítulos anteriores, a comunicação é o item mais importante na comunidade condominial. O profissional de portaria, ou aquele que exerce por alguns momentos essa função, tem de saber atender a uma chamada telefônica. Existe uma regra básica para o atendimento:

- Nunca deixar o interfone tocar mais que duas vezes.
- Apresentar-se de maneira educada pelo nome e agradecer ao término do contato.
- Usar as palavras **bom-dia, boa-tarde, boa-noite**.
- Quando é questionado: *"PORTARIA, MARCOS, BOM-DIA, OU BOA-TARDE, OU BOA-NOITE"*.
- Quando está questionando: *"AQUI É DA PORTARIA, É O MARCOS, BOM-DIA, OU BOA-TARDE, OU BOA-NOITE, QUEM FALA, POR FAVOR"?*

Testemunhar: essa função é importante porque nada vai substituir o homem. Sua presença, além de inibir algumas ações, serve de testemunha para os depoimentos da apuração dos fatos ocorridos dentro e nas imediações do condomínio. Para isso, o profissional tem de estar sempre alerta, ser um observador, não desviar sua atenção no horário de trabalho e procurar estar presente em todos os locais vulneráveis, tanto com relação à segurança quanto ao vandalismo. Infelizmente, quando acontece alguma coisa errada, o porteiro é o primeiro a ser questionado e acusado, junto como os demais profissionais que trabalham no condomínio. As pessoas compartilham da opinião: *"O porteiro sempre sabe de alguma coisa"*.

O porteiro, como já vimos na definição, tem uma responsabilidade muito forte, encontra-se na portaria para representar os condôminos ou os moradores do edifício. Infelizmente, alguns condôminos não têm sensibilidade de saber que aquele porteiro está ali representando a sua ausência, a sua pessoa. Diante do condomínio, a sua responsabilidade ao chegar é de tamanha importância que, no início da construção do prédio, era vigia e sabia da sua responsabilidade em tomar conta de materiais, e, com a entrega do edifício, passa a tomar conta das pessoas. Então, você imagina uma pessoa que cuida, que zela pela portaria, que recepciona, que atende, que dá informação sem nenhum treinamento, sem nenhum preparo psicológico, emocional. E, como já dito anteriormente, o porteiro nos representa! Uma pessoa só terá acesso ao condomínio se o proprietário do apartamento autorizar. Pode ser qualquer pessoa; se o proprietário ou o morador do apartamento não autorizar, infelizmente, a pessoa não poderá entrar. Quando dizemos que ele é responsável pela portaria, não é somente aquele portão que se encontra ao lado de sua guarita. Também é pela porta de qualquer apartamento do condomínio, tanto a de serviço como a principal. É ainda responsável pelas portas dos outros condôminos, pela porta de acesso ao salão de festas, a piscina, a garagem, enfim, ele cuida do nosso bem-estar e da nossa segurança, assuntos do próximo capítulo.

Agora, de acordo com suas atitudes, sua perspicácia, sua formação profissional, sua inteligência emocional, seus conceitos, seu grau de instrução é que se vai ter um profissional que desempenhe suas funções, e não prejudique tanto os moradores e os condôminos como os inquilinos.

Principalmente nos edifícios residenciais, o porteiro, além de tomar conta de um patrimônio físico, cuida de um patrimônio material que muitos condôminos comerciais dependem para sobreviver. Assim, percebe-se a responsabilidade que um profissional de portaria tem, talvez nem ele mesmo perceba, e isso os proprietários ou moradores não dão importância a essa responsabilidade. Às vezes, acontece de as pessoas brincarem de ser porteiros e os moradores brincarem de fazer de conta que existe um porteiro.

Quando ministro meus treinamentos, tenho receio de que, ao final do curso, as pessoas não queiram mais exercer a função de porteiro, tamanha a sua responsabilidade.

Analisando friamente, o profissional de portaria lida com todo o tipo de pessoas que convivem dentro de um condomínio, de um recém-nascido a um idoso, de todas as camadas sociais, do rico ao pobre. Discriminado ou não, o profissional de portaria lida com o comportamento humano. Por isso, uma das causas que motivaram a edição deste livro era justamente fazer transparecer essa responsabilidade, que muita gente acha que não existe, mas você só pode exigir algo quando dá condição a uma pessoa, quando esclarece o que quer. Você só pode exigir se a pessoa de quem você está exigindo tem o conhecimento daquilo que você quer.

Baseado nisso, apresentamos várias formas de porteiros, de acordo com sua personalidade, seu caráter e de acordo com as circunstâncias que esses porteiros não sabem enfrentar. Dividimos os porteiros em: porteiro ativo, porteiro conselheiro, porteiro vigário, porteiro envolvido, porteiro discreto e porteiro indiscreto.

Quando falamos de um porteiro vigário, é porque, infelizmente, a guarita de um condomínio passa a ser um confessionário, onde as pessoas procuram desembocar seus problemas, onde, tanto condôminos proprietários como condôminos moradores e condôminos funcionários, vêem a guarita como uma tábua de salvação e, infelizmente, exigem do porteiro que ele seja uma pessoa discreta. Mas os condôminos inconscientes passam para o porteiro sua vida particular e, também, a vida particular de outras pessoas. Ao fazer esse tipo de comentário, o condômino inconsciente abre as guardas de sua vida, e a guarita se torna o palco de lamentações, de divertimento e de coisas erradas.

São inúmeros os casos e exemplos que poderíamos citar aqui em que a guarita funciona como um instrumento de ligação e de comunicação. Os porteiros passam todo o dia atendendo aos seus ramais de telecomunicação e têm de dar ouvido a algumas pessoas que fazem da guarita um verdadeiro confessionário. Por isso é que o porteiro se comporta como um vigário; só que, na maioria das vezes, os porteiros não guardam os segredos daquilo que escutam e vêem, e, infelizmente, passam a reger a vida dos condôminos através da portaria. Ou, então, há uma semelhança muito forte entre o porteiro e o vigário, mas infelizmente o padre, quando está em confissão, guarda o segredo. Aparentemente, ele guarda o segredo.

Os grandes responsáveis pela tranqüilidade do condomínio são os porteiros, os zeladores, enfim, os funcionários, além do síndico e dos moradores. No entanto, se a portaria não estiver organizada, pronta para servir, atenta às necessidades dos condôminos, aberta às atitudes externas e neutra, jamais o condomínio terá tranqüilidade.

Não adianta o síndico ser uma pessoa transparente, imparcial, se os funcionários não dão essa continuidade. O porteiro e o zelador são também responsáveis pela tranqüilidade, pela segurança e pela harmonia de nossos condomínios, por *n* motivos, *n* fatores.

Três Funções de um Porteiro

Todas as funções que um profissional de portaria exerce são importantes. Mas, antes de falar especificamente das funções, podemos dizer que, para o porteiro exercê-las, é necessário que, primeiro, ele esteja bem consigo mesmo, deixando seus problemas particulares da porta do condomínio pra fora. Por quê? Porque os condôminos de um edifício residencial esperam o melhor de um funcionário, e nos edifícios comerciais espera-se que o trabalho do porteiro seja bastante produtivo. Agora, se o profissional da portaria não tiver o espírito de servir, de auxiliar, ele vai pôr obstáculos tanto diante de seu desempenho, da sua função, como diante do relacionamento entre os condôminos.

Podemos dizer que quando uma pessoa está exercendo a sua função de porteiro, acima de tudo, naquele exato momento, dentro de um condomínio, ele não pode mais pensar só em si, mas sim em toda a coletividade. O porteiro, além de atender bem, tem de saber esclarecer as dúvidas, mostrar que é conhecedor dos assuntos pertinentes ao condomínio. Só assim poderá prestar seu serviço de maneira completa. Por exemplo, ao chegar em uma portaria, deve procurar informar-se de todas as ocorrências do dia. Dessa forma, poderá prestar qualquer informação aos condôminos.

Podemos dar um exemplo aqui de uma situação em que uma pessoa desconhecida estacionou o carro na frente do condomínio e ninguém viu quem era. Quando o porteiro percebeu o estacionamento, ficou aguardando o proprietário chegar, o que não ocorreu. Quando o outro porteiro assumiu o turno da noite e rendeu esse funcionário, que viu o carro ser estacionado, não o questionou acerca do ocorrido, nem o outro colega lhe passou as informações. Às 19 horas, a polícia chega naquele condomínio e pergunta ao porteiro se ele tinha visto aquele carro ser estacionando, o porteiro respondeu que não e perguntou para a polícia do que se tratava. Os policiais responderam que era um carro roubado e que a pessoa que estacionou em frente ao prédio era justamente o bandido, que tinha feito um seqüestro. Percebe-se, então, a responsabilidade desses funcionários. O profissional de portaria tem, entre outras funções, a de atender, de guardar, de auxiliar e de telefonar e de testemunhar. O porteiro que exerce bem essas funções, em treinamentos e cursos, consegue ser diferente dos outros profissionais, porque essas funções são primordiais para que o profissional de portaria desempenhe suas atividades e conquiste, no decorrer de seu trabalho, todo um relacionamento de responsabilidade e de respeito com os condôminos. É através dessas funções que a vida condominial torna-se mais harmoniosa, facilitando o entendimento entre condôminos e funcionários.

A função de atender é uma das mais complexas. No atendimento, cada pessoa tem um comportamento particular, e é comum o funcionário encontrar diferentes tipos de reações por parte dos condôminos, diante de uma mesma situação. Essa realidade obriga o profissional a estar pronto para lidar com os diferentes perfis dos condôminos. Destacamos duas formas de atendimento e os seus principais perfis: atendimento direto e atendimento indireto.

Atendimento Direto

O próprio nome desse tipo de atendimento já sugere que o profissional tem o contato direto com os condôminos. Abaixo, relacionamos alguns atendimentos acerca do assunto:

O CONDÔMINO APRESSADO

Use o máximo da sua eficácia, mas, se não puder atendê-lo logo, mostre que está fazendo o máximo para isso. Se necessário, comunique ao superior.

O CLIENTE (VISITANTE DO CONDOMÍNIO, CONHECIDO, PARENTES E AMIGOS DOS CONDÔMINOS)

Demonstre a cortesia de sempre sem, no entanto, ultrapassar os limites da discrição e do respeito.

O CONDÔMINO DESCONFIADO

Explique tudo detalhadamente, sugira, fale com firmeza. Caso haja alguma dúvida que você não saiba resolver, encaminhe-o ao síndico.

O CONDÔMINO ATREVIDO

Encurte a conversa de forma cortês e atenda-o de forma séria e profissional. Caso ele seja indiscreto, mude de assunto. Se o condômino ultrapassar todos os limites, comunique ao síndico.

O CONDÔMINO FALADOR

Não exagere no tempo de conversa com os condôminos, fale somente o necessário. Nesse caso, peça licença para se retirar, explicando o motivo.

O CONDÔMINO COMPLEXADO

Jamais toque em seu ponto fraco, fazendo brincadeiras ou citando apelidos.

Veja algumas dicas em torno de situações que podem acontecer.

Antes de qualquer fato constrangedor, procure:

- **Manter o controle emotivo.**
- **Procurar uma solução. Caso não seja possível resolver sozinho, buscar apoio com terceiros.**
- **Respeitar o princípio de que o condômino tem sempre razão.**
- **Solicitar a orientação dos superiores caso necessário.**
- **Jamais perder a classe, mesmo que o condômino se mostre exaltado ou mal-educado.**

Como agir com condôminos embriagados:

- **Verificar seu estado para saber se há condições de atendê-lo.**
- **Não discutir com o condômino em hipótese alguma.**
- **Acomodá-lo e comunicar aos seus familiares.**
- **Jamais dar qualquer tipo de conselho pessoal ao condômino.**
- **Não conversar demais, porém, sem deixar de ser gentil e educado.**
- **Chamar o superior (síndico), se necessário.**

O atendimento é uma das funções vitais para o bom funcionamento do condomínio. Porteiros, zeladores, enfim, funcionários de modo geral, devem primar por um bom atendimento, para que possam proporcionar harmonia aos moradores e aos condôminos.

A seguir, um exemplo de condômino apressado. Alguns condôminos que trabalham o dia todo, às vezes, saem às 7 horas e só retornam às 19 horas e, quando chegam em casa, mal têm tempo de pegar suas correspondências. Para esses condôminos apressados, orientamos que o funcionário espere o momento certo para poder dirigir-se a ele. Se ele mesmo não estiver com tempo para escutar, então o funcionário deve saber a hora certa de se aproximar. Caso ele não dê espaço, o funcionário deve procurar, por exemplo, a esposa, o filho, assim o funcionário atingirá o seu objetivo.

O condômino visitante é aquele que, às vezes, não conhece o condomínio, mas nada impede que ele o conheça, por visitá-lo com freqüência. Muitos funcionários se sentem à vontade para chegar a ele e tratá-lo de maneira amistosa. Orientamos para que o funcionário seja profissional, trate-o com respeito, mas sem intimidade.

Em relação ao condômino desconfiado, o funcionário tem de trabalhar de maneira transparente e firme, falar o necessário e limitar-se ao que está ocorrendo, não enganar ou mentir quando perguntado sobre algo, porque o condômino desconfiado está sempre questionando as situações dentro de um condomínio.

Quando o funcionário estiver lidando com um condômino atrevido, deve falar menos e escutar mais, já que esse tipo de pessoa está sempre armado e não aceita muito a opinião alheia. Falar o essencial – essa é a regra.

Exemplo de condôminos que aproveitam as situações para criar constrangimentos dentro de um condomínio: são aqueles que, constantemente, freqüentam a guarita, ou o *hall* de recepção de um condomínio comercial, por exemplo, para colher o maior número de informações possíveis e passá-las adiante. Deve-se evitar o contato com pessoas com esse perfil.

Existe, ainda, o condômino complexado, aquele que o funcionário jamais pode falar sobre o que o incomoda. Se o condômino é gordo, magro, negro, jamais um funcionário pode falar dessas características. Existem condomínios em que funcionários, com certo tempo de casa, passam a ter intimidade com os filhos dos condôminos, sendo esses com características obesas, e eles passam a comentar ou chamar de "gordo". Se a pessoa já tem um certo complexo, obviamente, que o condômino e o filho não vão gostar.

Atendimento Indireto

Esse atendimento é feito indiretamente com os condôminos através de aparelhos telefônicos, rádios de comunicação, porteiros eletrônicos, câmara de vídeo com circuito fechado, sinalização, gestos, controle remoto, etc.

Eu diria que 60% a 70% dos atendimentos dentro de um condomínio são feitos de maneira indireta, porque as pessoas não dispõem de tempo suficiente para estar em contato diretamente com os moradores e os funcionários. No atendimento indireto, merece destaque a comunicação através do aparelho telefônico, responsável por até 90% das comunicações feitas no prédio, de porteiro para funcionários, de funcionários para condômino e de terceiros para condôminos. Terceiros são as pessoas que se dirigem ao prédio tanto para prestar algum serviço como para visitar alguém. Então, se o porteiro não tiver discernimento, sensibilidade, paciência, qualificação para atender, ele transforma a vida dos condôminos em um verdadeiro embaraço. Se o equipamento telefônico não estiver em perfeita condição de funcionamento, infelizmente, vai prejudicar não só o atendimento, mas também a relação entre os funcionários e os condôminos. Os equipamentos telefônicos que existem nas portarias são equipamentos em que a comunicação é feita entre portaria e condômino e vice-versa. Não existe uma comunicação de condômino e condômino sem passar pela portaria. Na maioria das vezes, as consultoras, para baratear, colocam equipamentos que prejudicam um relacionamento mais abrangente, sobrecarregando a portaria.

Afinal, se os condôminos quiserem falar com a recepção, com o salão de festas ou com a piscina, por exemplo, primeiro, a ligação passa pela portaria. Além disso, é comum os filhos dos condôminos inter-relacionarem-se; brincam, freqüentam as casas uns dos outros e, infelizmente, quem vai procurar onde encontrar a criança é o porteiro.

Outro item que prejudica a inter-relação entre as pessoas e que as aborrecem é o controle para o portão eletrônico da garagem. Muitos condôminos não têm esse controle e, ao saírem, deixam o portão aberto, o que incomoda e aborrece os demais condôminos. Sem falar na questão da segurança, que fica comprometida.

Outro item que vai influenciar na inter-relação entre as pessoas é a sinalização do sistema de alarme. Infelizmente, há empresas que não prestam um bom serviço. Elas atendem aos condomínios com equipamentos de baixa qualidade. Às vezes, não por culpa delas. O condomínio, para baratear os custos, opta por esses equipamentos. Outro ponto é quando a empresa de sistema de segurança de alarme não presta assistência rápida, e o serviço que era para ser uma solução passa a ser um problema, uma fonte de intranqüilidade.

Qualidade no Atendimento

Um bom atendimento requer qualidade, e essa regra também vale nos condomínios. Existem alguns condôminos que merecem atendimentos especiais dentro do condomínio, devido à fragilidade que apresentam, no comportamento e no deslocamento.

Com pessoas de terceira idade: as pessoas mais velhas também merecem uma atenção especial nas dependências do condomínio. A atenção por parte dos profissionais tem que ser dobrada. Na maioria, são pessoas que não têm rapidez na locomoção, moram sós, ou com parentes que não dão uma boa assistência. Existem casos em que essas pessoas se apegam de tal maneira aos funcionários que exageram no tratamento com comida, roupa, dinheiro, passando a prejudicar o desenvolvimento de um bom trabalho.

Em contrapartida, há funcionários que se aproveitam da fragilidade dessas pessoas e passam a explorar o relacionamento. Aconselhamos os profissionais a entrarem em contato, pelo menos uma vez por dia, com esses condôminos e verificar as condições de vida de cada um, para evitar surpresas desagradáveis.

Com crianças: dentro de um condomínio, esse atendimento tem de ser superespecial. Lidar com crianças requer psicologia. As crianças são sinceras, têm muita facilidade de assimilar e aprender rápido tanto as coisas certas como as erradas. Existem alguns pontos importantes que devem ser observados para atender as crianças:

- Ter calma, paciência e ser gentil.
- Procurar acomodar a criança da melhor forma possível.
- Não deixar ao alcance da criança materiais que possam machucá-la.

No período de férias, os profissionais, tanto os porteiros como os zeladores, são solicitados nesse atendimento. Muitas crianças usam o interfone de maneira exagerada para localizar os amigos. Outro cuidado é com o passeio de bicicleta e jogo de bola nas imediações do condomínio. Quando um edifício não tem área de lazer, a dificuldade é grande para controlar as brincadeiras e as diversões. Outro cuidado de extrema necessidade é com o banho de piscina. Existem alguns pais que não se importam com a permanência individual das crianças, nem limitam o seu uso. Cabe aos profissionais do condomínio chamar a atenção dessas crianças, registrar em livro a ocorrência e comunicar ao síndico.

Requisitos Comportamentais

Para corresponder às tarefas que lhe são atribuídas, o funcionário precisa desenvolver certa conduta profissional. O objetivo é sempre atender às expectativas do condômino, estabelecendo um clima agradável de trabalho, tanto para o próprio funcionário como para seus colegas.

Discrição: qualidade ou caráter. Ter sigilo profissional. Ter um dever ético, que impede a revelação de assuntos confidenciais ligados à profissão.

Postura no ambiente de trabalho: o funcionário é o "espelho" do local em que trabalha, isto é, sua postura está constantemente sendo observada pelo condômino que a projeta em todo o estabelecimento. Desse modo, é vital para o condomínio que os seus funcionários tenham atitudes positivas com relação ao trabalho que fazem, e comportem-se de maneira exemplar, em todas as situações, para que as pessoas tenham a melhor impressão possível do condomínio.

Disciplina: o bom funcionário sabe que, cumprindo bem as ordens da empresa e de seus superiores, está ajudando aos seus próprios objetivos de trabalho. Alguns condomínios mantêm um regulamento interno por meio de um manual, que é entregue a cada funcionário pelo síndico ou pela administradora. Outros condomínios utilizam editais ou comunicados internos, assinados pelo síndico ou pela administradora. Essas regras, geralmente, se referem aos seguintes assuntos: pontualidade, assiduidade, disponibilidade para o serviço, zelo pelo material de trabalho, respeito aos colegas e superiores, discrição e limites de autoridades e funções.

Pontualidade e assiduidade: ao começar a trabalhar no condomínio, o funcionário deve estar ciente de que terá pouco tempo livre para as atividades pessoais. A chegada ao trabalho deve ser feita pelo menos **quinze minutos antes** do horário em que se inicia o turno. Ausências não justificadas são inaceitáveis, já que a liberação de um funcionário no fim do expediente depende da chegada do colega que ocupará o próximo turno. Nos casos de emergências, doenças ou acidentes, o profissional deve, obrigatoriamente, avisar com antecedência, para que o condomínio providencie a sua substituição.

Honestidade: não é raro o funcionário assumir a responsabilidade de guardar objetos de valores e documentos importantes do condomínio e dos condôminos, como, por exemplo, chaves de apartamento. Aconselhamos aos profissionais de condomínio a não aceitarem as chaves dos apartamentos, embora existam condôminos que insistem nessa atitude. A confiança e a honestidade do profissional são, assim, atributos tão essenciais que, mesmo com um altíssimo nível de competência, sem demonstrar honestidade, ele terá poucas chances de permanecer no emprego.

Expressar-se corretamente: a clareza e o modo gentil de se expressar é a forma correta para um bom comportamento. Nunca usar gírias ou termos vulgares. Por mais que um condomínio seja agradável e tenha ótimas referências, o que mais encanta os condôminos é um atendimento cortês, caloroso e hospitaleiro. A cortesia é um dos **"ingredientes"** mais importantes da conduta profissional de todos os funcionários, principalmente dos que trabalham na recepção. *Um sorriso, uma palavra amiga, a disposição de sempre querer fazer o melhor pelo condômino são poderosos diferenciais.*

Por isso, o funcionário não deve nunca se esquecer de:

- *Acolher o condômino sempre com um sorriso no rosto.*

- **Sempre usar as palavras "OBRIGADO", "COM LICENÇA", "DESCULPA" e "POR FAVOR".**

- **Estar sempre pronto para ajudar e dar informações.**

- **Saber sugerir soluções e alternativas ao condômino.**

- **Recorrer ao seu superior, caso se sinta sem condições de atender plenamente o condômino.**

- **Ser ágil nas respostas aos pedidos dos condôminos e verificar se eles estão plenamente satisfeitos.**

- **Encarar o trabalho sempre de forma positiva.**

- **Procurar atender o condômino mesmo em casos que estão fora de sua responsabilidade, observando até que ponto a sua ajuda pode ser-lhe útil, sem haver descuidos das próprias obrigações.**

- **Detectar os desejos e antecipar-se às necessidades dos condôminos.**

- **Manter-se sempre tranqüilo em qualquer circunstância; aprender a tranqüilizar o condômino nas situações problemáticas.**

Higiene pessoal: manter-se bem apresentável, asseado e trajando o uniforme completo reforça a imagem de credibilidade do funcionário perante o condômino.

Ter cuidado na higiene com os cabelos, mãos, unhas, pés e dentes. Analisar alguns itens na escolha dos cosméticos, como: não usar produtos com cheiro muito ativo e não usar esmaltes e maquiagem com cores fortes, no caso de funcionárias. Quanto aos acessórios e penteados, usá-los com discrição. Os cabelos devem estar sempre presos. A pontualidade dos funcionários e sua assiduidade facilita muito a harmonia e a convivência entre os colegas e, indiretamente, também ajuda os condôminos, porque um funcionário que é pontual, que se preocupa em avisar caso esteja atrasado para o seu trabalho, este terá maior aceitação de cordialidade. Na maioria das vezes, as pessoas não são responsáveis a ponto de acharem que o próximo colega está dependendo dele para sair naquele horário.

O funcionário que passou a noite trabalhando, acordado, não vê a hora de ir para casa descansar, então, aconselhamos uma prática que dá certo: a cada meia hora de atraso, o funcionário que está chegando em serviço perde 1 hora do seu dia, e essa hora é repassada ao funcionário que está saindo, aguardando a troca do seu serviço. Não justifica de maneira nenhuma um funcionário chegar atrasado. Não justifica de maneira nenhuma achar que alguém deve trabalhar por ele – existem muitos outros funcionários que dependem de horário de ônibus e programam sua saída do trabalho de acordo com esse horário. Assim, qualquer atraso pode causar transtornos, que podem vir a comprometer o serviço. Sem falar que em alguns condomínios é comum os funcionários dobrarem o serviço, o que também compromete a qualidade do trabalho.

O funcionário deve sempre acolher os condôminos com um sorriso no rosto, já que o sorriso demonstra receptividade, alegria, felicidade. Quando não sorrimos, transparecemos preocupações, má vontade, desejo de ir embora, insatisfação, ou que aquele ambiente não é o seu. Além disso, palavras como "obrigado", "com licença", "desculpe", "por favor" quebram qualquer desarmonia; são palavras que usamos para nos aproximar das pessoas e nos afastarmos de maneira cortês. Você nunca deve demonstrar que não quer dar uma informação, pelo contrário, deve demonstrar que está ali para ajudar.

É importante ter algo a acrescentar, ser ágil na solução de problemas apresentados pelos condôminos e mostrar-se sempre solícito na prestação de qualquer serviço e, principalmente, encarar o trabalho sempre de maneira positiva.

Podemos medir o nível de satisfação no trabalho e classificá-lo em alto, médio e baixo. Diz-se que o nível de satisfação é alto quando o funcionário chega em casa depois de um dia de trabalho e já se sente motivado a voltar no dia seguinte. O nível de satisfação baixo é justamente o inverso, falta motivação para o trabalho. O nível médio, por sua vez, situa-se entre os dois pólos: alto e baixo.

Nesse contexto, o trabalho passa a ser ingrato e maçante, o que torna a sua jornada diária insustentável.

Quando o funcionário não encara mais o trabalho de forma positiva, a melhor solução é procurar outro emprego. Trabalhar insatisfeito compromete a qualidade do serviço prestado, e os condôminos e os demais funcionários percebem isso. O mais justo é deixar a vaga para alguém que realmente sinta-se motivado para ocupar o cargo.

Outro ponto importante é que o funcionário deve detectar os desejos e antecipar as necessidades dos clientes ou dos condôminos. É esse o diferencial na prestação do serviço. Um funcionário prestativo, que está sempre atento às necessidades dos condôminos, destaca-se dentre os demais. Existem muitos funcionários que, como já dito, não encaram o trabalho de forma positiva, e passam a cumprir só as suas obrigações. Esse tipo de funcionário está com os dias contados, afinal, o local de trabalho precisa de empregados que maximizem a qualidade e a produtividade

É importante, também, que em uma relação condominial funcionários e condôminos mantenham uma política de bom relacionamento. Nem um nem outro devem perder a calma ou a paciência, por mais embaraçosa que seja a situação.

Essa orientação vale também para as situações de emergência, como, por exemplo, a falta de luz em que condôminos ficam presos no elevador. O funcionário deve procurar manter a calma para que as pessoas possam ter condições psicológicas de fazer o mesmo, diante da situação difícil que estão enfrentando.

Então, é importante que o funcionário prime pela tranqüilidade para que os condôminos, nas situações emergenciais, sintam-se seguros e protegidos. Vale dizer que qualificação e treinamento fazem a diferença.

Os funcionários não podem descuidar da aparência, que é fundamental. E vale aquele velho ditado de que a primeira impressão é a que fica. É difícil apagar ou modificar uma primeira impressão ruim.

Por isso, cuidar do cabelo, das unhas, do vestuário é fundamental. Muitos condomínios oferecem uniforme para os funcionários, o que facilita criar uma padronização no ambiente de trabalho.

Relações Humanas no Trabalho

A capacidade de relacionamento humano é uma das qualidades mais valorizadas no trabalho. Isso porque, pela natureza dos serviços, o contato diário entre funcionários e condôminos é inevitável. O funcionário deve comporta-se excepcionalmente bem e demonstrar que age com ética e respeito no exercício de sua função.

OBS.: "O CLIENTE É O CENTRO DAS ATENÇÕES DE TODAS AS ATIVIDADES. É A RAZÃO DA EXISTÊNCIA DA EMPRESA".

Relacionamento com os condôminos e clientes (CONDOMÍNIO COMERCIAL):

- Atender os clientes com eficácia e cortesia, fazendo com que se sintam confortáveis.
- Auxiliá-los, dando informações precisas, fazendo com que não tenham de perder muito tempo.
- Atendê-los com educação e simpatia o tempo todo, acompanhá-los, se for necessário, até o setor que procuram.
- Tratá-los sempre por Senhor(a), independentemente de idade.
- Nunca comentar sobre problemas internos da empresa com clientes.

Relacionamento com síndicos e colegas:

- O bom funcionário sempre trabalha em equipe, perfeitamente sincronizada com os outros companheiros.
- Um bom funcionário respeita a ordem de seus superiores e a obedece.
- Em caso de discordância, não discutir o assunto na presença de outras pessoas, mas a sós, com seu superior.
- Ao dar ordem a algum funcionário subordinado, fazê-lo com discrição, por um sinal, um olhar, sempre em tom de voz baixa, nunca gritando, principalmente na frente dos condôminos.

Relacionamento com a empresa ou com o condomínio:

- O funcionário deve conhecer o regulamento interno do condomínio onde trabalha.

- Deve conhecer todos os setores, saber quem é quem no condomínio, para que não sejam dadas informações erradas.
- Deve zelar pelo material que está sob sua responsabilidade.
- Deve ser honesto com a empresa, passando qualquer quantia que lhe seja passada ao setor de sua responsabilidade.

Abaixo, algumas dicas para um bom relacionamento humano:

As seis palavras mais importantes:

Eu admito que cometi um erro.

As cinco palavras mais importantes:

Você fez um bom trabalho.

As quatro palavras mais importantes:

Qual a sua opinião?

As três palavras mais importantes

Se você puder...

As duas palavras mais importantes:

Muito Obrigado.

A palavra mais importante:

Nós.

A palavra menos importante:

Eu.

(Do livro "Não Pise na Bola", de Richard Simonetti)

A seguir, os mandamentos de um comportamento de porteiro e zelador.

> A. VER E NÃO RECONHECER.
> B. OUVIR E NÃO ASSIMILAR.
> C. FAZER A TODOS E NÃO A UM.
> D. PENSAR "NÃO" E FALAR "SIM".
> E. ESQUECER-SE DE SI E LEMBRAR-SE DOS OUTROS.
> F. VIGIAR PARA SER VIGIADO.

É importante que o funcionário que trabalha no condomínio não só trate bem as pessoas, como também conheça os assuntos pertinentes ao ambiente de trabalho e que podem ser úteis aos condôminos.

Por exemplo, existem condomínios que possuem na faixa de 100 a 160 salas. Se os funcionários não conhecerem bem a estrutura do condomínio, não poderão prestar as devidas informações quando solicitados.

Outro ponto importante é quanto ao tratamento dispensado aos condôminos. Com as pessoas mais velhas, deve-se optar pelo tratamento de "senhor", "senhora", por exemplo. Independentemente da idade ou do sexo, um funcionário nunca deve comentar sobre os problemas internos nem sobre os problemas dos próprios condôminos.

É praxe os comentários indevidos acerca desses assuntos no ambiente condominial. No entanto, isso deve ser abolido, do contrário, cria-se um ambiente sem harmonia, conflituoso, de convivência conturbada.

Tudo isso prejudica o relacionamento no ambiente de trabalho e, muitas vezes, um funcionário ou condômino irritado está sempre armado para devolver à altura as agressões à qual está sendo submetido. Então, o equilíbrio é importante demais. Sem alterar a voz, você pode discordar de qualquer situação, sem precisar humilhar a outra pessoa ou deixá-la em situação pior do que você está passando. Tanto funcionários como condôminos que vivem em um condomínio têm de ter muita paciência, as pessoas estão insatisfeitas por tudo.

No condomínio, qualquer coisa pode ser motivo de reclamação, então, se um funcionário discute com um condômino, essa discussão pode gerar uma situação de conflito.

É muito importante que as pessoas conheçam os regulamentos, as normas, da boa convivência.

Todos os materiais que existem no condomínio, desde a vassoura, até as cadeiras, as mesas, os brinquedos, os jarros ou tapetes, as televisões, os rádios, são materiais de uso comum. Por isso, é preciso zelar por eles. Elevadores, piscinas, garagens são os mais atingidos quanto às práticas indevidas. Em relação aos elevadores, é comum as crianças riscarem as paredes, beijarem os vidros e os espelhos, pregarem chicletes, etc. Isso é tão comum que nos contratos das empresas que prestam serviços de manutenção de elevadores existe uma cláusula que atribui responsabilidade ao condomínio, caso seja necessária a reposição de peças, decorrente de vandalismo.

Então, quando você fala: "Eu admito que cometi um erro", simplesmente está sendo humilde, simplesmente reconhece que naquela situação você não foi uma pessoa bem-sucedida e, quando diz que cometeu o erro e admite esse erro, você faz com que as pessoas parem e pensem de que maneira podem ajudá-lo. Quando você diz: "Você fez um bom trabalho", as pessoas, infelizmente, não reconhecem que outras pessoas contribuíram para o desempenho de um relacionamento de uma tarefa. É difícil você elogiar alguém em qualquer nível, em qualquer atitude, porque isso vem da nossa infância; os nossos pais não costumam elogiar quando os filhos tiram uma boa nota, quando fazem um bom serviço em casa, quando se comportam de uma maneira correta. O que acontece nas famílias são as críticas, as cobranças, então, por isso, as pessoas não conseguem reconhecer o que as outras fazem.

Quando você pergunta: "Qual a sua opinião?" Transfere, passa a responsabilidade para aquela pessoa, chama essa para fazer parte daquele problema, daquela situação; você também dá àquela pessoa a oportunidade de decidir junto com você, mas tem muita gente que não aceita. Se você fala: "Se você puder fazer isso, se você puder continuar isso, se você puder me dar atenção", está pedindo para aquela pessoa que, entre as prioridades que ela tem em executar uma tarefa, uma atividade, possa também colocar a sua. Dê uma certa atenção naquilo que você está falando. As pessoas também não costumam agradecer às outras. Agradecer é o mínimo que se pode fazer em determinadas situações.

Quando usamos a palavra "nós", é porque precisamos da força coletiva, precisamos que sejamos uma só pessoa, em que somos mais importantes do que o eu. Infelizmente a palavra "eu" é egoísta, é uma palavra em que, muitas vezes, buscamos inspiração onde não existe para pronunciá-la; *eu* faço isso, *eu* sou isso ou *eu* sou aquilo. Se paramos para pensar diante dessas dicas de Rilcharfts Simonet, do livro "Não Pise na Bola", os relacionamentos com certeza serão mais harmoniosos na comunidade do condomínio, não só no condomínio, mas também de um modo geral.

Com isso, criamos os mandamentos de um comportamento de um porteiro e zelador, por quê? Porque, através dessas atitudes, a vida condominial pode ser mais ou menos harmoniosa.

Quando falamos *ver* e não reconhecer é porque o empregado deve deixar de lado aquilo que não interessa naquele exato momento. Então, em certas situações, o funcionário tem de ver e não reconhecer, fazer de conta que ele não está nem ali presenciando aqueles fatos, porque, a partir do momento em que ele vir que reconhece e passa a comentar, passa também a prejudicar o relacionamento do condomínio.

Quando eu digo ouvir e não assimilar, quero dizer que o funcionário executa, mas só para ele, aquilo que escutou, não passa adiante. Existem muitas conversas, muitas fofocas dentro dos condomínios. Então, o funcionário quando escuta, não deve assimilar, para o seu próprio bem. O ser humano tende a gostar mais de um que de outro, é natural que exista a empatia entre as pessoas, mas o funcionário não deve deixar isso transparecer, para que não cause ciúmes, discriminações diante dos outros condôminos. Embora o funcionário goste mais de um condômino do que do outro, não pode deixar transparecer e só servir àquela pessoa.

Quando o funcionário entra para trabalhar em um determinado prédio, tanto comercial como residencial, as exigências são muitas. O funcionário é cobrado diariamente, existem muitas coisas que ele não quer fazer, mas que terá que fazer, embora pense que não.

Nos condomínios, o mandamento é esquecer-se de si e lembrar-se dos outros, é o mandamento de servir, de estar pronto para atender. Esquecer-se de si e lembrar-se dos outros é pensar que o condomínio precisa de um bom atendimento, precisa que o funcionário se desdobre, busque forças para atender às necessidades daquele condomínio.

Esse *lembrar-se dos outros* engloba também o cuidado com as dependências do condomínio: acender as lâmpadas, aguar o jardim, conservar o ambiente limpo e organizado, etc.

Complicada, porque se você não tem educação, se não tem conscientização daquilo que não quer para si e também não quer para os outros, você jamais vai conseguir tomar cuidado do que é seu.

Muitas vezes, o funcionário ou o condômino pensa que não está sendo vigiado em suas atitudes e acha por bem fazer ou desenvolver algumas atividades que venham a prejudicar o outro, como, por exemplo, fumar e jogar as pontas dos cigarros pela varanda, achando que ninguém está observando.

Segurança

A segurança está no segundo nível das necessidades humanas, leva uma pessoa a proteger-se de qualquer perigo real ou imaginário, físico ou abstrato. A busca de proteção contra uma ameaça ou uma privação, a fuga ao perigo de estabilidade e a busca de um mundo ordenado e imprevisível são manifestações típicas dessas necessidades.

A violência no Brasil assumiu dimensões assustadoras. Prédios com apartamentos e salas comerciais, que há cinco anos não sofriam a investida de marginais, atualmente, de forma rotineira, são invadidos por quadrilhas com esquemas profissionais.

O porteiro, normalmente sem apoio e muitas vezes sem preparo, torna-se alvo fácil para os marginais, que em 99% dos casos utilizam a própria portaria como meio de ingresso no prédio.

Por meio de artifícios, como disfarces e simulações, ludibriam o porteiro e invadem o condomínio. Podemos concluir que a segurança é uma das necessidades básicas para que as pessoas possam ver com tranqüilidade as suas atividades pessoais e profissionais.

O que temos a fazer? Como podemos inibir ou dificultar a ação de bandidos?

Essas são algumas perguntas que freqüentemente escutamos dos responsáveis pelos condomínios – síndicos e administradoras.

Resumidamente, os pontos mais importantes para a segurança de um condomínio são:

- *Guarita ou portaria:* fortalece a segurança do condomínio, dotando-a de infra-estrutura para que, em caso de emergência, o porteiro possa solicitar o apoio externo, seja da polícia, de empresa de segurança ou mesmo dos moradores. Para isso, a portaria precisa ser segura, inviolável, ou seja, o marginal não pode "render" o porteiro. Telefone, botão de pânico acionando um sistema de monitoramento externo e sistema de radiocomunicação são alguns acessórios de segurança necessários em uma portaria.

- *Treinamento:* é necessário que os porteiros e todos os funcionários do prédio tenham constantemente treinamentos, para que eles passem a conhecer profundamente suas atividades e sua importância no sistema de segurança do condomínio. Conhecer suas responsabilidades é fundamental.

- *Normas:* todo condomínio deve estabelecer normas rígidas de segurança, que deverão ser cumpridas por todos os moradores e empregados. O porteiro e o zelador (este substitui o porteiro no horário do almoço ou na folga) precisam ter a certeza de que terão o respaldo do corpo diretivo do condomínio quanto às normas estabelecidas. Constatamos, com freqüência, que os **primeiros a infringirem as normas de segurança são os próprios moradores**, até mesmo repreendendo os funcionários quando estes as aplicam com o rigor necessário.

Na página seguinte, apresentamos alguns truques muito utilizados por bandidos para conseguirem burlar a vigilância dos porteiros de condomínios.

Quadro Demonstrativo dos Assaltos

O disfarce	Como entram	Como evitar
Funcionário de concessionárias de serviços públicos (água, energia elétrica, telefone, gás, correio).	Alegam ter de fazer reparos dentro de algumas unidades, ou, no caso do carteiro, ter de entregar em mãos determinada correspondência.	Pedir crachá com foto. Não permitir a entrada nas unidades, se o serviço não foi solicitado pelo morador.
Banhistas	Casos no Rio de Janeiro. Geralmente em dupla, de sunga e chinelo, invadem o prédio e levam o produto do furto em uma mochila.	O porteiro tem de estar atento e conhecer os moradores do prédio. Não abrir o portão para estranhos antes de obter autorização da unidade a que se dirigem.
O "bem vestido"	• Recentemente, um prédio em São Paulo foi invadido por um homem de terno entrando a pé pela garagem, quando um morador chegava com seu carro. • O porteiro não desconfiou de nada, porque o homem estava bem vestido. • Logo em seguida, foi rendido pelo invasor, que o obrigou a abrir o portão para seus comparsas.	Orientar o porteiro para não mudar os procedimentos de segurança de acordo com as vestimentas das pessoas ou aparência de status social.
O "conhecido"	• Aproveita-se da entrada de uma pessoa no prédio para "pegar uma carona" no portão aberto dos pedestres. • Para não despertar suspeitas, diz alguma coisa para a pessoa que está entrando, parecendo ao porteiro que ambos se conhecem.	Outra vez, vale a atenção do porteiro. Se ficar na dúvida se conhece ou não a pessoa que entrou, deve abordá-la e perguntar para que unidade se dirige.
Entregador de encomendas	Uma apresentadora de televisão foi vítima de entregadores de flores, no ano passado. Sua empregada desceu para atender e foi rendida por três assaltantes.	• Não permitir a subida de entregadores às unidades, em nenhuma hipótese. Antes de abrir o portão para receber a encomenda, o porteiro deve confirmar se o respectivo condômino a aguarda. • No caso de flores e presentes surpresa, o melhor é que o próprio porteiro receba. • Outra garantia é instalar um "passador" de encomendas, para não abrir o portão nesses casos.

Importante

Recomenda-se que se estabeleça uma senha para o porteiro alertar os moradores por interfone, em situação de perigo, sem despertar suspeita em eventuais assaltos. Assim, pode-se evitar a invasão a unidades se o porteiro for coagido a interfonar para pedir que pessoa desça para receber uma encomenda.

Do mesmo modo, pode-se estabelecer um gesto que sirva de senha, para ser visto pelo morador através do olho mágico, advertindo que o zelador e o porteiro estão acompanhados de assaltantes.

(O texto acima foi escrito por Alexandre C. Paranhos, gerente comercial do Grupo Pró Security, e o quadro demonstrativo dos assaltos, extraído do site ww.sindico.net.)

Dez mandamentos contra assaltos

1. O condomínio deve implantar normas de segurança e divulgá-las aos moradores.
2. Os moradores têm de respeitar as normas.
3. O treinamento do pessoal é fundamental para evitar problemas.
4. O porteiro não deve influenciar-se pelas roupas e aparência do visitante.
5. Entregadores nunca devem entrar no condomínio.
6. Prestadores de serviço devem ser identificados e portar crachá para visitante.
7. O morador deve avisar o porteiro quando o prestador terminar os serviços no apartamento.
8. Todo visitante deve identificar-se pelo interfone e aguardar a liberação por parte do morador, antes de entrar no prédio.
9. Caso perca o controle remoto da garagem, o morador deve descer do carro e se identificar ao porteiro.
10. Antes de contratar funcionários, verificar se eles têm antecedentes criminais.

Fonte: Folha de S. Paulo (11/8/1996)

Até agora, tecemos comentários sobre uma das funções mais importantes de um condomínio, a de porteiro. Mas não podemos deixar de nos referir a outra, muitas vezes, não valorizada, mas de merecido reconhecimento: a de zelador. O zelador é a pessoa que zela, cuida, administra, vigia com interesse e atenção, tem dedicação, toma conta de um edifício. Os funcionários que exercem a função de zelador, em sua maioria, são empregados que não valorizam a sua profissão. Nos países do primeiro mundo, essa atividade é tão respeitada como qualquer outra.

No entanto, essa não é a nossa realidade. Vivemos em uma sociedade preconceituosa, que não valoriza esse tipo de mão-de-obra, o que não tira a importância de suas atividades. Classificamos os zeladores pelas suas atitudes e comportamentos.

Tipos de zeladores:

- *Tímido:* é aquele que está sempre calado, pouco se aborrece, não tem muito interesse, mas é bom ouvinte. A falta de interesse a qual nos referimos está ligada à não iniciativa de executar as suas atividades.

- *Falante:* é aquele que, como o próprio nome sugere, fala muito, conversa demais, sabe tudo, não tem muito interesse pelas coisas e precisa de um empurrão para executar o trabalho. Geralmente, o falante é aquele que fala muito e age pouco, salvo raríssimas exceções. Esse tipo não é bem-visto por condôminos ou pelos outros funcionários.

- *Rápido:* é aquele que executa as suas atividades com rapidez; tem por objetivo terminar logo o que começou; às vezes, precisa de um incentivo para executar o trabalho. É aquele que procura livrar-se do serviço. Estatísticas comprovam que, quanto mais rápido se executa uma atividade, maior a probabilidade de ocorrer um erro.

- *Preguiçoso:* é o tipo que está sempre inventando desculpas, demora muito para terminar o trabalho, mas o executa bem. É o tipo de funcionário que incomoda e prejudica a convivência no condomínio. Sobressai-se pelo aspecto negativo e, ainda que tenha pontos positivos, estes não serão percebidos.

- *Esperto:* é o que está sempre criando alguma coisa, faz as atividades pela metade, tem iniciativa própria, mas não faz bem o trabalho. Assim como o tipo "preguiçoso", o "esperto" prejudica a convivência no condomínio. Tem a fama de ser *um-sete-um* e sua personalidade gera insatisfação e desconfiança.

- *Detalhista:* é aquele cuidadoso, procura fazer o trabalho bem-feito, tem certeza do que está fazendo e sabe fazer. É o funcionário zeloso, cuidadoso. Esse excesso de zelo demanda tempo e mais tempo na execução de uma atividade e pode, às vezes, implicar mais custos. Por isso mesmo, é importante que haja um equilíbrio na prestação do serviço.

- *Repetitivo:* é um pouco parecido com o detalhista, só que perde muito tempo em repetir a mesma ação várias vezes; é inseguro, mas executa bem o trabalho.

Funções de um zelador:

- *Planejar:* aqui o zelador exerce a primeira função de um administrador. Todas as atividades têm de ser planejadas. O zelador tem de saber *"o que fazer", "onde fazer", "como fazer"*.

- *Executar:* é o cumprimento daquilo que ele planejou de maneira eficiente, usando todos os seus recursos, atingindo o objetivo.

- *Administrar:* o zelador, diante dos seus recursos (dos materiais disponíveis), verifica a melhor maneira de aplicá-los, levando em consideração o tempo, o ambiente e os objetos.

- *Fiscalizar:* depois de todo o trabalho concluído, o zelador tem de cuidar daquilo que foi executado, pelo menos enquanto estiver executando suas atividades. Exigir das pessoas que tentem conservar por maior tempo possível aquilo que foi limpo e organizado.

- *Cobrar:* o zelador tem de ser profissional. Cobrar do seu superior direto (síndico) aquilo que foi prometido ou combinado; sempre exigir o melhor para que o seu trabalho seja bem-feito e reconhecido por todos.

As funções de um faxineiro, assim como as do zelador, são basicamente administrativas.

Para que o trabalho seja realizado com qualidade, é importante conhecer alguns tipos de faxina:

- *Faxina circular:* essa atividade é feita de modo que o profissional fique rodopiando em volta de si, ou de um ponto imaginário, em cima de uma superfície horizontal ou vertical. O material aplicado acaba mais rápido, as superfícies sofrem desgastes, sem contar com o esforço físico e o tempo gasto da execução.

- *Faxina quadrada:* é o tipo de faxina em que o profissional demarca um espaço de forma quadrada e vai executando quadrado por quadrado. O esforço físico é menor, gasta-se menos material e, o mais importante, pode-se saber em que ponto se parou a faxina, caso haja uma interrupção. Pode ser aplicado em qualquer superfície, horizontal e vertical.

- *Faxina mista:* é a junção da faxina circular com a quadrada. O desgaste físico e do material é dobrado, porque a limpeza é feita várias vezes no mesmo lugar. O serviço não fica bem executado, não existe uniformidade na seqüência dos movimentos, causando insegurança do que já foi feito e do que falta fazer.

Para uma boa faxina, devem-se empregar corretamente os materiais de limpeza. Existem, hoje, muitas empresas especializadas no ramo, com produtos que visam a atender à demanda do mercado. Cada produto tem sua finalidade específica. Não existe um único produto que limpe tudo. Por isso, é importante conhecer as características de cada produto de limpeza, para que se possa aplicá-lo no local adequado. Nos condomínios, devem estar à disposição dos funcionários os produtos certos para cada superfície a ser limpa. Do contrário, não há como responsabilizá-los. A seguir, estão descritos alguns tipos de superfícies.

Tipos de Superfícies

- *Vidro:* os vidros são líquidos de altíssima viscosidade super-resfriados. Encontram-se no estado sólido, constituídos de misturas fundidas de silicatos de sódio ou potássio e areia quartzítica. Por isso, não se pode aplicar qualquer produto nos vidros. Um dos produtos conhecidos no mercado para limpar superfícies e objetos de vidro é o *vidrex*.

- *Madeira:* parte sólida da árvore que fica sobre o córtex. Existe a parte central da árvore, chamada de líber, que se transforma em alburno e depois em cerne, aproveitado pela indústria para a fabricação de objetos. Há inúmeras variedades de madeira: *duras* (carvalho, buxo, olmo), *brancas* (tília, salgueiro), *resinosas* (pinheiro bravo e manso), *compactas* (oliveira e cerejeira), *exóticas* (ébano, paurosa).

Os profissionais de limpeza têm a obrigação de saber o produto ideal a ser aplicado nos objetos formados por madeira, caso contrário, o prejuízo para o condomínio é grande. O que vemos são pessoas aplicando pano úmido ou molhado nos objetos de madeira, fazendo com que as peças percam o brilho e, com o tempo, se danifiquem.

- *Pisos:* parte sólida por onde andamos, conhecida também como pavimento ou chão. Nas empresas ou nas casas, os pisos são revestidos por substâncias sólidas através de cerâmicas, lajota, ardósia, madeira, produtos artificiais, como carpete ou uma simples camada de cimento. Para cada superfície, existe um produto específico.

  Exemplo: um piso revestido com cerâmica Elizabeth tipo A. Esse produto tem uma camada de resina que faz aumentar o brilho; quando aplicamos um produto que não seja adequado, a camada é dissolvida e a cerâmica perde a sua consistência, chegando até a quebrar.

- *Metais:* referimo-nos aos objetos que se encontram no condomínio. Podemos citar aqui a guarita, que é composta pelas esquadrias; as portas que dão acesso à entrada do prédio; as janelas, tanto da área comum de um edifício como dos apartamentos; os corrimãos das escadas de acesso principal do prédio; as portas dos elevadores e sua parte interna. Existem objetos que fazem parte da decoração do condomínio, feitos de bronze, que, na maioria das vezes, são peças de valor econômico alto. Os metais mais conhecidos são: *ferro, bronze* (mais antigos), *aço, cobre, ouro, prata, chumbo,* etc. Como não poderia ser diferente, para cada metal, existe um produto específico. No mercado, conhecemos *a vaselina, o silvo, o carbono,* que ajudam a limpar e a conservar esses metais.

- *Plásticos:* dos materiais aqui citados, o plástico é o mais sensível à aplicação dos produtos de limpeza. Essa fragilidade se dá pela sua constituição. O alto custo de fabricação dos materiais faz com que os objetos de plásticos sejam a "regra" nos condomínios. Deve-se redobrar a atenção quando esse material for utilizado, afinal, o plástico se danifica com mais rapidez.

Prática da Faxina

Após toda a nossa orientação, não poderíamos deixar de mostrar como deveríamos praticar uma faxina ou uma limpeza em nosso condomínio. Como já vimos no capítulo anterior, o zelador, acima de tudo, tem de ser um estrategista. O planejamento é a primeira função de um administrador e, para ele realizar uma faxina, é necessário que observe o seguinte:

O planejamento

"O que fazer"

O zelador tem de ter no seu dia-a-dia um roteiro de todas as atividades, que é geralmente elaborado pelo síndico ou pela administradora. Diante desse documento, o profissional está orientado a executar suas atividades, criando uma rotina de serviço, facilitando o seu trabalho e a fiscalização, tanto do síndico ou de outra pessoa responsável do condomínio quanto da administradora, que possui pessoal específico para esse tipo de atividade.

O campo de atuação

"Onde fazer"

Ao escolher a sua atividade, o zelador deve deslocar-se até o local de atuação. Deve observar se o local é muito freqüentado naquele horário em que pretende executar a faxina, ou se existe algum obstáculo para o bom desempenho de sua função.

> *Exemplo 1 – Muitas vezes, o zelador faz a faxina na garagem com o carro estacionado. Ele poderia pedir ou esperar que o carro saísse para fazer o serviço com eficiência.*
> *Exemplo 2 – O zelador lava o hall de entrada do condomínio no horário de maior fluxo de moradores, entre 7 e 8 horas e 12 e 13 horas.*

Seqüência da execução

"Como fazer"

Toda atividade, seja ela profissional ou não, tem de ter INÍCIO, MEIO E FIM. Jamais um profissional de zeladoria deve iniciar e não terminar o que planejou. Ao executar um faxina, por exemplo, a varredura de um ambiente, ele precisa observar para que lado a corrente do vento está maior. Se ele iniciou por uma extremidade, deve terminar pela outra. Nunca fazer duas ou três coisas ao mesmo tempo.

Exemplo: varrer e limpar os vidros ao mesmo tempo; varrer e espanar ao mesmo tempo.

Existe uma grande quantidade de boletos pagos como crédito na conta do condomínio com relação à taxa condominial, cujo dinheiro deve ser separado para a folha de pagamento. Dizemos, também, que o funcionário é prioridade zero na folha de pagamento, é o primeiro a receber o dinheiro; prioridade um é o vale-transporte, porque sem ele o funcionário não pode deslocar-se do local de trabalho; prioridade dois são justamente os encargos sociais dos funcionários, pois, a qualquer tempo, ou hora, se o condomínio não estiver satisfeito com aquele funcionário, poderá dar-lhe o aviso prévio para posteriormente demiti-lo; prioridade três são as despesas fixas de água, porque o condomínio sem água é um condomínio no caos; prioridade quatro é a energia; aplica-se, aqui, a mesma idéia do fornecimento de água.

Definimos a folha de pagamento como uma das prioridades em um condomínio. Cabe, aqui, registrar que é prática comum o adiantamento quinzenal aos funcionários, o que ajuda, e muito, na quitação de suas obrigações. E, junto com a folha de pagamento, devem ser entregues os vales-transportes, já que são essenciais à locomoção do funcionário para o trabalho.

Em relação às férias, é importante que se tenha consciência de que elas são essenciais para a qualidade do serviço prestado pelos funcionários. São mesmo vitais para a renovação do ambiente de trabalho.

Em janeiro, o condomínio deve receber da administradora o planejamento anual de férias dos funcionários, para que o síndico possa programar-se da melhor maneira possível. Não recomendamos a prática de o condomínio comprar as férias do funcionário, pois, como dito anteriormente, as férias dão novo ânimo aos funcionários e melhoram a qualidade do trabalho.

É importante tecer alguns comentários acerca das contas ordinárias. As contas ordinárias são aquelas aprovadas por mês, aquelas fixas, que fazem parte do condomínio. Já as extraordinárias, como o nome sugere, são aquelas fora da previsão de despesas do condomínio, mas que têm de ser relacionadas. As contas ordinárias, apesar de os condôminos terem o conhecimento delas, mensalmente, mas precisam saber acompanhar os valores correspondentes a elas, sabemos que valores que não mudam são os salários, os encargos sociais, de acordo com a existência de feriado ou não, então a mudança é muito pouca. Mas material de limpeza, energia, água no condomínio são contas em que há uma variedade muito grande, tanto para mais como para menos, contratos com elevadores, manutenção da portaria, central telefônica, etc.

Contratos de administração são contratos fixos que têm reajuste anual, mas o síndico tem de apresentar mensalmente a planilha de despesas. Esse assunto, no entanto, é controverso. Há quem sustente que a apresentação mensal da planilha deve ser feita somente se a taxa do condomínio for flutuante, ou seja, que muda. No entanto, sugerimos que se apresente sempre uma planilha.

Outro ponto importante a ser considerado é a expedição de boleto bancário da taxa condominial; afinal, é através do pagamento do boleto bancário que será arrecadada a receita do condomínio e serão pagas as suas obrigações. É importante que o boleto seja entregue aos condôminos com alguns dias de antecedência da data do pagamento. A grande maioria dos condôminos gosta de pagar a taxa condominial antes do vencimento. Importante também é cuidar para que os boletos não cheguem com erros quanto aos números dos apartamentos ou aos nomes dos condôminos.

Deve-se, ainda, atentar para o acompanhamento do pagamento das taxas condominiais. É importante que a administradora e o síndico façam um relatório minucioso, indicando os inadimplentes, para que tenham maior controle.

Quando o síndico e a administradora tomam conhecimento que um determinado condômino está em aberto com a sua taxa condominial, devem, em um primeiro momento, abordá-lo e questioná-lo, de forma cortês, se ele recebeu ou não o boleto para o pagamento.

Caso ele responda que não recebeu, deve-se providenciar novo envio e checar o extravio da primeira via. Se o condômino responder que recebem, mas que ainda não pagou, negociar uma data para o novo pagamento e, nessa data acordada, conferir se o pagamento foi realmente feito. Somente depois de tomados esses passos, deve-se adotar o procedimento de envio de carta de cobrança.

Regimento interno, taxa condominial e convenção de condomínio são documentos importantes sobre os quais já se falou a respeito. A esses documentos, soma-se outro não menos importante, que é o balancete mensal. O balancete mensal deve ser transparente, espelhar a realidade do condomínio e ser feito de forma simples, que possa ser compreendido por qualquer pessoa. Cada administradora tem um sistema, mas não se pode fugir da regra geral de que todas as despesas precisam de comprovantes de pagamento. Se o condomínio utiliza conta bancária, deve-se primar pelo pagamento em cheque, mas existem despesas mínimas que poderão ser pagas em dinheiro. Para isso, o síndico faz uma retirada autorizada pelo conselho, justificando a finalidade daquela retirada. Para as despesas avulsas com futuras comprovações de notas fiscais, a administradora coloca na prestação de contas como caixa do síndico, caso contrário, deve-se utilizar cheque nominal aos fornecedores, com cópia, com recibo e nota fiscal.

O síndico não deve emitir cheque pré-datado sem a autorização da assembléia. Existem condomínios em que o síndico usa esse sistema sem observar a norma. Quando chega o dia determinado para o depósito do cheque, não havendo saldo suficiente, as contas ficam negativas, os cheques são devolvidos, as contas são encerradas e o condomínio fica com restrições cadastrais na Serasa.

As empresas que fornecem o material, devem enviar o boleto bancário para o pagamento em 30 dias, e esse recibo já serve de comprovante de pagamento, acompanhado da nota fiscal. Caso esse recebimento seja em carteira, para efetuar a cobrança, o fornecedor se desloca até a administradora.

Essas são práticas já estabelecidas pelo comércio, e todos que fornecem para condomínios sabem um pouco da burocracia. A conciliação bancária é importante demais, faz parte do balancete. É através dela que se inicia a prestação de contas e tanto o síndico quanto a administradora demonstram sua idoneidade, porque o que está apresentado na conta do condomínio corresponde a tudo aquilo que foi feito durante o mês. É com esse cruzamento de informações com o banco que se testa a responsabilidade na administração.

Infelizmente, tem administradoras que fecham as prestações de contas sem o extrato bancário. Não sei como os síndicos admitem que uma prestação de contas tenha credibilidade sem o extrato bancário do mês. Como é que um documento mais importante pode faltar na elaboração do balancete? A administradora também faz a fiscalização do horário dos funcionários, como ela fiscaliza? Existe o livro de ponto, exigido por lei pelo

Ministério do Trabalho, e, paralelamente, o livro de ocorrências. Se o funcionário chega atrasado no condomínio, cabe ao colega que está sendo rendido observar no livro de ocorrências aquele atraso. No caso de nossa administradora, fazemos a vistoria e identificamos que determinado funcionário chega 15 min, 30 min, 1 hora e até mais tarde. Nós usamos aqueles determinados minutos ou horas e revertemos para o outro funcionário. Descontamos o atraso e passamos para o funcionário que está saindo. Então, a cada meia hora que o funcionário chega atrasado, o mesmo perde uma hora de trabalho. É lógico que se o colega que está sendo rendido não fizer a reclamação por escrito, nós não temos como verificar isso. Se a administradora, junto com o síndico, elaborar um bom livro de ponto dividindo os dias de trabalho na seqüência, que, segundo a convenção da Sinteg, para cada cinco dias trabalhados folga-se um dia. É necessário que uns trabalhem seis dias e outros, sete, porque há outras exigências, em que o funcionário, obrigatoriamente, tem de folgar um domingo em cada mês.

As pessoas que trabalham em condomínio obedecem à escala de serviço e, dentro da escala, deve ser incluído o dia de folga, que pode cair em um sábado, domingo, ou feriado.

As expressões são feitas de várias maneiras no condomínio, quando este tem um conselho administrativo e um conselho gestor dentro desse conselho, já determina qual pessoa vai fiscalizar essas faxinas, para os condôminos não reclamarem constantemente da falta de limpeza, faz por onde não ter a outra forma que é através da administradora. Temos observado, na cidade de João Pessoa, que nenhuma administradora pratica esse tipo de atividade e, baseado nisso, nós criamos a história da conservação da limpeza. Essa história que tem quase 50 itens, começando da calçada da parte externa até a sua cobertura. Como exemplo, podemos citar se a calçada está varrida, se encontra-se limpa ou suja. Então, essa vistoria é feita na marcação de quatro itens: se os batentes que dão acesso à entrada do condomínio estão varridos, limpos, sujos, ou outros. Outros, são observações que nós colocamos no decorrer da história, e assim vamos entrando no condomínio, passando pela guarita, pelo *hall* da guarita, a escada após a guarita, o térreo, seus pilares, suas paredes, seus jardins, algumas piscinas que se encontram no prédio, os banheiros dos funcionários, elevadores, escada dos andares, os *halls* dos andares, caixa-d'água, cisterna, tambores de lixo, torneiras, lâmpadas, quadro de aviso, quadro dos funcionários, local onde se encontra a central de gás, central de portaria, extintores, banheiros da piscina, pia da piscina, salão de jogos, salão de festas, muros, quadras, churrasqueiras, saunas, enfim, todos esse itens são avaliados, e essa avaliação é deixada, geralmente, com o síndico.

Normalmente, fazemos essas avaliações no período vespertino, porque foi observado que durante a manhã os faxineiros fazem as suas atividades para que à tarde nós possamos avaliar. É um serviço novo, implantado pela nossa administradora. Tem dado certo até o exato momento, e além de as pessoas verem a nossa fiscalização, apóiam o síndico ao receber um relatório, observam o que está sendo feito no condomínio, as ocorrências naquele dia. Essa vistoria é feita três vezes por semana e facilita muito, em termos de orientação para os funcionários, e graças a Deus tem dado certo e nos só temos recebido elogios.

Mas, infelizmente, 90% das administradoras não fazem esse tipo de serviço, esses geralmente, são entregues em malotes, e uma vez ou duas por semana, para verificar algumas irregularidades. Mas um serviço desse tamanho, desse porte, com tanto detalhamento, essa expansão de limpeza e conservação das áreas internas e externas do prédio, tem colaborado muito para a harmonia entre os condôminos com relação à limpeza.

Qualquer irregularidade encontrada no condomínio deve ser comunicada ao síndico e anotada no livro de ocorrências. O registro dessas irregularidades permite que a administradora e o síndico façam um monitoramento da freqüência dessas ocorrências e dos responsáveis pelos eventuais problemas causados.

Outra função importante da administradora é ajudar o condomínio a fazer as licitações de compras, já que ela conhece a realidade do condomínio. Sua função é permitir que sejam escolhidas as melhores opções que comportem menores custos, sem comprometer a qualidade. Licitação pressupõe honestidade e transparência.

Outra questão que deixa os condôminos irritados é a paralisação dos elevadores. Por isso, sempre que o serviço tiver de se interrompido, seja pelo tempo que for, os condôminos devem ser comunicados com antecedência, para evitar aborrecimentos desnecessários. A falta de comunicação vai aborrecer muito mais que a interrupção temporária do serviço.

Não se pode deixar de registrar aqui outro importante ponto do universo condominial, que é o edital de convocação da assembléia. Esse edital será colocado no quadro de avisos do condomínio. No entanto, recomendamos que ele seja entregue a cada um dos condôminos, de modo que todos, sem exceção, conheçam o seu teor.

É importante que todos os interessados, sejam proprietários ou inquilinos, compareçam à assembléia, a fim de deliberarem acerca dos pontos propostos e/ou controvertidos.

Todo condomínio tem a sua receita concretizada durante o mês, é necessário que haja uma cobrança rigorosa por parte da administradora e do síndico. Quando falamos em cobrança rigorosa, não queremos dizer que seja uma cobrança feita de qualquer jeito. Não! Deve-se, sim, ser encontrada uma maneira mais rigorosa de cobrar aquele condômino inadimplente. Ou seja, esgotadas todas as fontes amigáveis de negociação, a via alternativa é a cobrança em cartório ou na Justiça.

A tolerância quanto ao prazo para quitação das taxas condominiais em atraso, que em muitos condomínios chega a um ou dois anos, causa insatisfação nos condôminos adimpletes.

Na cidade de João Pessoa, o índice de inadimplência, depois que o Código Civil regulamentou a multa de 2%, tem aumentado excessivamente as taxas e levado uma acomodação muito grande por parte tanto da administradora como do síndico. Por isso, é necessário que essas taxas sejam encaminhadas para cartório, que os títulos sejam protestados, que se insira o nome do devedor no SPC e, por último, que se brigue na Justiça. Aconselhamos que, se for feito um acordo, que este seja na Justiça.

No entanto, há que se lembrar da morosidade dos trâmites legais, que podem tardar e pôr um fim no litígio. Mas, se esse for o meio mais eficaz de se ter o adimplemento das taxas condominiais, não se pode abrir mão dele.

As prestações de conta, já citadas, não são da administradora, não pertencem ao síndico, e sim ao condomínio, a todos os condôminos que contribuíram para o pagamento. A prestação de contas deve ficar arquivada nas dependências do condomínio, para que seja possível a sua averiguação sempre que necessário. É de direito. A lei condominial ampara, a qualquer tempo, um condômino verificar a administração do síndico e da administradora através da prestação de contas. Então, um síndico que tem uma visão holística, sistêmica, jamais coloca a prestação de contas debaixo do braço ou em suas gavetas particulares. Quando o conselho fiscal ou qualquer condômino solicitar esclarecimento, tanto o síndico como a administradora devem prestar as informações necessárias.

O que a acontece, na maioria das vezes, é a prestação de contas estar desorganizada. Ninguém consegue entender nada. Além disso, quando se pede esclarecimento, é comum a administradora e o síndico sentirem-se ofendidos, porque dizem que estão questionando a idoneidade dos seus procedimentos.

As atas de reuniões são outro ponto polêmico da relação condominial, além da prestação de contas. Elas devem ser bem elaboradas, além de espelhar a reunião tal como ela ocorreu. Isso quer dizer que devem constar todos os pontos controvertidos e sanados durante a reunião e os pendentes de solução. Transparência é a palavra-chave.

Nas reuniões, a pessoa responsável pela elaboração das atas, sempre que tiver alguma dúvida sobre um ou mais pontos apresentados, deve solicitar esclarecimentos, ou minimizar cerca de 60% ou 70% das divergências das atas.

O presidente de uma assembléia tem de saber conduzir as reuniões. Primeiro, ler o edital de convocação e verificar se a quantidade de condôminos corresponde ao *quorum* exigido pela convenção ou pelo regimento interno. Segundo, falar para os presentes que a reunião se divide em duas partes. Na primeira parte, pautam-se os itens constantes do edital de convocação; na segunda, os itens que serão acrescidos dos outros assuntos administrativos que os condôminos têm naquele exato momento para acrescentar. Só depois inicia-se a reunião.

Deve-se estabelecer um tempo mínimo de participação para o condômino que deseja manifestar sua opinião. É razoável o prazo de três a cinco minutos. Não esquecer que é necessário dar o direito de resposta, e todos têm igualmente o direito de manifestar sua opinião.

Os assuntos devem ser esgotados, ou seja, apresentados todos os argumentos e esclarecimentos, a fim de se chegar a uma solução que satisfaça, se não a todos, ao menos à maioria.

Nas cidades de João Pessoa e Cabedelo, cada registro de ata custa R$ 30,00 e, às vezes, o condomínio tem condições de arcar com essas despesas. Alguns condomínios fazem reuniões mensais e todo mês registram as atas.

Recomendamos que todas as atas sejam registradas, mas caso o condomínio não disponha de recursos financeiros para isso, deve, pelo menos, registrar aquelas que tratam de aquisição de bens de maior volume financeiro ou das questões mais polêmicas discutidas.

Muitos condomínios têm receitas e despesas equilibradas. Quando isso ocorre, a inadimplência gira em torno de 2% a 3%.

Quando há planejamento financeiro, fica fácil para o condomínio manter um clima de harmonia. A inadimplência gera desconforto e problemas. Por exemplo, uma inadimplência entre 30% e 50% prejudica não só a saúde financeira do condomínio, mas também o relacionamento condominial. Quando a inadimplência chega a esse percentual, deve-se buscar um plano de ação para reverter esse quadro.

Há casos em João Pessoa em que o síndico era sócio de condôminos e não cobrava como devia cobrar, e a inadimplência chegou a quase 30%. Numa determinada assembléia, os condôminos tentaram culpar a administradora, então a mesma teve que abrir o jogo. Era o síndico que não deixava colocar na Justiça. Então há um comprometimento da administradora com o condomínio em relação a esses assuntos financeiros e administrativos do seu planejamento de curto, médio e longo prazos com relação às reclamações trabalhistas.

A nossa administradora, em quatro anos de existência, não tem uma reclamação sequer, porque o nosso contador tem uma excelente relação com o sindicato dos funcionários. Não fazemos nada que contrarie as decisões dos sindicatos ou os direitos dos funcionários.

Então, quando trabalhamos em harmonia, em sintonia com o funcionário e com o sindicato, evitamos as reclamações trabalhistas. Muitas vezes, alguns funcionários são demitidos sem aviso prévio, já que o condomínio não tem a receita para pagar o funcionário. Quando uma administradora não cumpre com essas e outras responsabilidades, prejudica relações de convivência no condomínio.

Já discorremos anteriormente acerca da convenção de condomínio, um dos documentos mais importantes ao lado do regimento interno. A partir do momento em que a administradora é contratada pelo condomínio, tem a obrigação de elaborar a convenção e o regimento interno, que relatem a realidade daquele condomínio e proporcionem um ambiente de harmonia.

A Receita Federal concedeu aos condomínios (que não possuem fins lucrativos) o CNPJ (Cadastro Nacional Pessoas Jurídicas). Assim, o condomínio passa a ter vida própria: pode abrir uma conta bancária, registar funcionários, recolher PIS, FGTS, INSS, etc., ou seja, praticar todos os atos de uma pessoa jurídica.

Com isso, mostramos aos leitores a necessidade e a importância de um condomínio ter uma administradora, para auxiliar o síndico na administração. A maioria dos síndicos são pessoas em atividades. São pessoas que não têm tempo para se dedicar, inteiramente, ao condomínio. A profissão ou o cargo de síndico, infelizmente, não é reconhecida.

Eu diria que síndico é a arte de fazer inimizade. Quando uma pessoa passa a ser síndico de um prédio, passa também a ter inimigos, porque ela começa a administrar o bem comum; as pessoas, por sua vez, não aceitam certas regras quando o síndico é transparente, administra a coletividade ouvindo sugestões, tomando decisões pela maioria. Essas inimizades são mínimas, mas, quando ele administra como se estivesse administrando a cozinha da sua casa, essas inimizades são maiores. Por isso, é importante o papel da administradora, para que os síndicos não se indisponham em certas ocasiões, como, por exemplo, nas cobranças.

Em nosso estudo, não poderíamos deixar de falar da administradora, que exerce um papel muito importante, porque é através dela que o condomínio possui assessoria completa. Existem, no mercado, escritórios de contabilidade que só oferecem o serviço contábil e pessoal. Os profissionais de condomínio vão lidar diretamente com a administradora. Abaixo relacionamos alguns serviços:

- Elaboração de folha de pagamento dos funcionários dos condomínios.
- Confecção dos recibos de adiantamento salarial (quinzenal).
- Confecção dos recibos de vales-transportes, se for o caso.
- Cálculo e confecções dos recibos de férias.
- Cálculo e expedições das guias para pagamentos do INSS, FGTS e PIS.
- Pagamentos autorizados pelo síndico.
- Elaboração de planilha de despesas previstas do mês e rateio.
- Expedição do boleto bancário para pagamento da taxa condominial.
- Acompanhamento e conferência dos pagamentos da taxa condominial (cobrança).
- Elaboração do balancete mensal (prestação de contas).
- Conciliação bancária para efeito de conferência do saldo.
- Fiscalização do horário de trabalho dos funcionários.
- Inspecionamento da limpeza e da conservação das áreas comuns do condomínio.
- Comunicação ao síndico de qualquer irregularidade encontrada no condomínio.

- Licitação para compra de bens móveis, se for o caso.

- Expedição de correspondências, cartas, avisos e circulares, ordenados pelo síndico.

- Elaboração do edital de convocação de assembléia-geral ordinária e extraordinária.

- Encaminhamento dos títulos de taxas condominiais não pagas para cartório e SPC.

- Execução de dívida (de taxa condominial), determinada pelo síndico.

- Prestação de todas as informações solicitadas pelo Conselho Fiscal.

- Elaboração de atas e os seus respectivos registros em cartório de títulos e documentos.

- Assessoramento ao síndico nos assuntos administrativo e financeiro.

- Assessoramento ao síndico nas reclamações trabalhistas dos funcionários do condomínio.

- Assessoramento ao síndico no seu plano de trabalho.

- Assessoramento ao síndico na elaboração da convenção e do regimento interno.

- Assessoramento ao síndico na aquisição do CNPJ junto à Receita Federal.

- Seleção, treinamento e qualificação de pessoal.

Desta forma, podemos distinguir os tipos de serviços que as administradoras oferecem para os condomínios de acordo com a necessidade e o tipo de contrato.

Tipos de Administração

- *Administração indireta*: pode ser dividida em total ou parcial.
    - ✓ *Total:* é um tipo de contrato com assessoria contábil, pessoal, jurídica (com cobrança dos inadimplentes e assessoria trabalhista) e assessoria em RH, mas os funcionários são de responsabilidade do condomínio através do vínculo empregatício. Nesse tipo de

administração, o condomínio efetua pagamento mensal. Geralmente, é um salário mínimo.

✓ *Parcial:* a administradora só oferece os serviços contábil e pessoal.

- *Administração direta:* é um tipo de contrato em que a administradora oferece todos os serviços de assessoria e *os funcionários pertencem à administradora e são colocados no condomínio.* O valor do contrato varia de acordo com a quantidade de pessoas de que o condomínio necessita.

Conclusão

O relacionamento entre as pessoas nem sempre é pacífico, harmonioso. Nos dias atuais, quando se vive o "corre-corre" para cumprir horários, datas e compromissos sociais, o ser humano pode se tornar estressado e muitas vezes intolerante.

Viver em um condomínio ou administar um deles, nem sempre é tarefa fácil, pois a convivência com pessoas diferentes em seus hábitos, personalidade e objetivos faz com que se crie um conjunto de regras nem sempre eficazes.

O que se observa ao analisar a convivência entre síndicos, condôminos e funcionários é que existem conflitos variados, independente do número de pessoas que vivem nos condomínios, mas o que é importante é que também existe o interesse por parte dos síndicos, condôminos e funcionários em resolver esses conflitos, melhorando a estrutura dos prédios, sendo mais rígidos nas cobranças, apelando para a Justiça, mas sempre visando ajustes que melhorem a convivência.

A maioria dos síndicos é remunerada, sendo dispensada da taxa condominial e aceita colaborar pois também tem interesse em presevar seu patrimônio. Mas após cumprir o tempo previsto de sua atuação, a maioria não concorre à reeleição, pois os desafios são muitos e nem sempre os síndicos atingem os objetivos a que se propuseram.

O trabalho de um síndico nem sempre é tarefa fácil, se percebe que são bem poucos os que gostariam de ser síndicos, e os que estão desempenhando essa tarefa não querem se reeleger.

Com as estruturas oferecidas, segurança principalmente, as pessoas que vivem em condomínios, cada dia mais se espera que se invista na preparação de síndicos e funcionários dinâmicos e eficientes, que saibam conviver com pessoas diferentes e com diferentes dificuldades. É importante que tenham espírito de liderança e estejam dispostos a administrar respeitando as diferenças individuais e visando o bem-estar coletivo e não use o *eu* em suas decisões e sim o *nós*.

Portanto, para se administrar um condomínio, de modo geral, seja através da forma direta síndicos × condomínio ou indireta, administradora × condomínio, requer acima de tudo paciência e transparência nos atos.

Recomendações e Sugestões

Com base nas experiências obtidas, recomendam-se:

1. Assembléias mais freqüentes para que o problemas possam se debatidos no mínimo a cada dois meses.
2. Reuniões sociais para os condôminos posssam se conhecer melhor, trocar idéias sem a formalidade de uma assembléia.
3. Cursos de capacitação de funcionários que atuam nos condomínios.
4. Transparência os atos praticados por todos que administram o condomínio.
5. Palestras para todos os condomínios de relações interpessoais.
6. Conhecimento da lei condominial para todos os moradores.
7. Palestras sobre custos e disciplina financeira.
8. Multas elevadas para fazer cumprir os regulamentos.
9. Convencer os moradores sobre a importância de se síndico.
10. Antes de comprar ou alugar um apartamento, pesquisar sobre a comunidade condominial, dificuldades e os conflitos mais comuns que os moradores enfrentam.

Referências Bibliográficas

ALMEIDA, Wilson Castello de. **O que é psicodrama**. São Paulo: Brasiliense, 2003.

AQUINO, Cleber Pinheiro de. **Administração de recursos humanos**. São Paulo: Atlas, 2003.

ANTUNES, Ricardo. **O novo sindicalismo no Brasil**. Campinas, SP: Pontes, 1995.

ASSIS, Marcelino Tadeu de. **Indicadores de gestão de recursos humanos**. Rio de Janeiro: Qualitymark, 2005.

BART, C. K. Exploring the application of mission statements on the World Wide Web. **Internet Research**, V. 11, N. 4, p. 360-368, 2001 (Traduzido).

BATEMAN, Thomas S. **Administração: construindo vantagens competitivas**. São Paulo: Atlas, 1998.

BERGAMINI, Cecília W. **Liderança: administração do sentido**. São Paulo: Atlas, 1999.

BILHIM, João Abreu Faria de. **Gestão de ciência e tecnologia: uma abordagem sociológica**. Lisboa: Ed'Ouro, 2000.

CARVALHO, Antonio Vieira de. **Aprendizagem organizacional em tempos de mudança**. São Paulo: Pioneira, 2004.

CARVALHO, Antônio Vieira de; SERAFIM, Oziléa Clen Gomes. **Administração de recursos humanos**. Vol. 2. São Paulo: Pioneira, 2004.

CERTO, Samuel C.; PETER, J. Paul. **Administração estratégica: planejamento e implantação da estratégia**. São Paulo: Makron Books, 1993.

CHALVIN, Dominique; EYSSETTE, François. **Como resolver pequenos conflitos no trabalho**. São Paulo: Nobel, 1989.

CHANLAT, Jean-François (coord.). **O indivíduo na organização: dimensões esquecidas**. Tradução de Arakcy Martins Rodrigues et. al. São Paulo: Atlas, 1996.

CHIAVENATO, Idalberto. **Gerenciando pessoas**. São Paulo: Makron Books, 1997.

_____ **Gestão de pessoas.** Rio de Janeiro: Campus, 1999.

_____ **Recursos humanos.** Edição Compacta. São Paulo: Atlas, 2002.

DRUCKER, Peter F. **Fator humano e desempenho.** São Paulo: Ed. Livraria Pioneira, 1998.

_____ **Administrando em tempos de grandes mudanças.** 5ª ed. São Paulo: Pioneira, 2002.

_____ **Sociedade pós-capitalista.** Tradução de Enio Matheus Guazzelli & Cia. Ltda. 6ª ed. São Paulo: Pioneira, 1993.

DUTRA, J. S. **Gestão por competências: um modelo avançado para o gerenciamento de pessoas.** São Paulo: Gente, 2001.

FLUERY, M. T., Fleury, A. **Construindo o conceito de competência.** *Revista de Administração Contemporânea.* Vol. 5, p. 183-196. 2001.

FLEURY, M. T., Fleury, A. **Desenvolvimento de competências em diferentes arranjos empresariais.** *Anais XXIV Enanpad.* Anpad: Florianópolis, 2000.

FLEURY, M. T. L. e FISCHER, R. M. **Cultura e poder nas organizações.** 2ª ed. São Paulo: Atlas, 1996.

FISCHER, André Luiz; NOGUEIRA, Arnaldo José França Mazzei. **As pessoas na organização.** São Paulo: Editora Gente, 2001.

GALVÃO, Izabel. **Emoções e conflitos: análise da dinâmica das interações numa classe de educação infantil.** Tese de doutoramento apresentada à Faculdade de Educação da USP, 1998.

GIL, Antônio Carlos. **Como elaborar projetos de pesquisas.** 4ª ed. São Paulo: ATLAS, 2002.

GUIMARÃES, T. **A nova administração pública e a abordagem da competência.** *Anais XXIV Enanpad.* Anpad: Florianópolis, 1999.

HIGHTON, E. ÁLVARES, G. **Mediación para resolver conflictos.** Buenos Aires: Ad-Hoc, 1995.

HOWARD, Robert (Org.) **Aprendizado organizacional: gestão de pessoas para a inovação contínua.** Tradução de Bazán Tecnologia e Lingüística. Rio de Janeiro: Campus, 2000.

LIMA, Maria E. A . **Os equívocos da excelência: as formas de sedução na empresa.** Petrópolis: Vozes,1995.

LINKERT, Rensis e LINKERT, Jane. **Administração de conflitos: novas abordagens.** São Paulo: Ed. McGraw-Hill, 1979.

KATZ, Daniel e KAHN, Robert L. **Psicologia social das organizações.** 1ª ed. São Paulo: Atlas, 1997.

MARTINELLI, M. **Aulas de transformação.** Petrópolis: Fundação Getúlio Vargas, 1998.

MARTINELLI, Dante P.; ALMEIDA, Ana Paula de. **Negociação e solução de conflitos.** São Paulo: Atlas, 1998.

MINICUCCI, Agostinho. **Relações humanas: psicologia das relações interpessoais.** 3ª ed. São Paulo: Atlas, 2002.

MEGGINSON, Leon C.; MOSLEY, Donald C.; PIETRE JR, Paul H. **Administração: conceitos e aplicações.** 4ª ed. São Paulo: Habra, 1998.

MILKOVICH, George T. **Administração de recursos humanos.** São Paulo: Atlas, 2000.

MOREIRA, Bernardo Leite. **Eficácia e eficiência.** Artigo. Central dos Recursos Humanos. Disponível em: http://www.rhcentral.com.br, 2006.

MOSCOVICI, F. **Desenvolvimento interpessoal.** Rio de Janeiro: José Olympio, 2004.

MOTTA, Júlia Maria Casulari. **Jogos: repetição ou criação? Abordagem psicodramática.** São Paulo: Plexus, 1994.

NASCIMENTO, N. e MARANHÃO, W. do C. **Bloco de ensino individualizado (BEI): teorias administrativas e organização escolar.** Niterói: Centro Educacional de Niterói, 2000.

NOVAIS, Germano de. **Como obter sucesso nas relações humanas.** 3ª ed. São Paulo: Loyola, 2002.

OLIVEIRA, Jayr Figueiredo de. **Sistemas de informação: um enfoque gerencial inserido no contexto empresarial e tecnológico.** Rio de Janeiro: Ed. Érica, 1997.

OLIVEIRA, Milton de. **Energia emocional: base para a gerência eficaz.** São Paulo: Makron Book, 1997.

RAMOS, P. B. **A gestão na organização de unidades de informação.** *Ci. Inf. Brasília*, Vol. 25, nº 1, 1996.

SCHEIN, E. H. **Psicologia organizacional.** Rio de Janeiro: Campus, 1982.

TAVARES, M. C. **Planejamento estratégico: a opção entre sucesso e fracasso empresarial.** São Paulo: Habra, 1991.

TRIGUEIRO, Carlos Meira. **Estudos de casos no treinamento de executivos.** 2ª ed. Rio de Janeiro: Qualitymark, 1997.

VEZZULLA, J. C. **Teoria e prática da mediação.** Curitiba: IMAB, 1998.

Como Comprar & Vender Imóveis

Informações e Soluções

Autor: Ari Travassos
Nº de páginas: 152
Formato: 16 x 23cm

O livro conduz os clientes à realidade do mercado em seu relacionamento com os corretores de imóveis, além de fornecer algumas informações no que diz respeito à credibilidade e confiabilidade necessárias para conseguir excelente consultoria e assessoria técnica no mercado de imóveis.

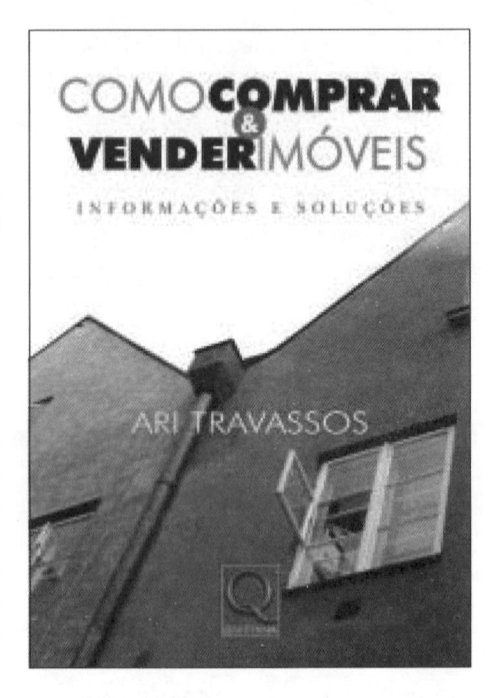

O objetivo é explicar, de forma simples, os mais diversos atos que devem ser praticados pelos profissionais para beneficiar o mercado imobiliário do país. O autor orienta os clientes compradores, vendedores e também os corretores de imóveis que poderão receber muitos subsídios práticos e acadêmicos, visando o aumento das vendas e a sua melhoria profissional.

Esta obra vem para preencher um vazio existente no contexto do mercado imobiliário, pois traduz a ótica dos clientes compradores, os diversos meandros e parâmetros que poderão torná-los compradores mais ágeis e consistentes. Sem dúvida, com esta leitura, poderão chegar igualmente a uma maior satisfação em relação à compra realizada, tanto pelo aspecto imobiliário quanto pelos aspectos jurídicos, fiscais, comerciais e pessoais que envolvem esse processo cada vez mais complexo em nossos dias.

Corretagem de Imóveis de A a Z

Um glossário para esclarecer muitas dúvidas, tanto dos profissionais imobiliários quanto dos leigos

Autor: Ari Travassos
Nº de páginas: 136
Formato: 16 x 23cm

A obra é o resultado de intensa pesquisa sobre a profissão do corretor de imóveis e o que é essencial ao dia-a-dia desse profissional, além de levar para leigos os conhecimentos necessários para solucionar as muitas dúvidas que geralmente surgem quando é preciso assinar um contrato ou realizar a leitura de documentos.

O autor reuniu os muitos termos de conhecimento técnico e profissional da área e explica de forma clara e com linguagem simples para uma boa compreensão por parte de todos os leitores. Nas questões que se referem aos aspectos jurídico e fiscal, as explicações são embasadas por um sério estudo analítico.

Entre em sintonia com o mundo

QualityPhone:
0800-263311
Ligação gratuita

Rua Teixeira Júnior, 441
São Cristóvão
20921-405 – Rio de Janeiro – RJ
Tel.: (0XX21) 3094-8400
ou   3860-8422
Fax: (0XX21) 3094-8424

www.qualitymark.com.br
E-Mail: quality@qualitymark.com.br

Dados Técnicos

Formato: 16 x 23

Mancha: 12 x 19

Corpo: 11

Entrelinha: 13

Fonte: Souvenir Lt Bt

Total de Páginas: 144

Lançamento: Outubro 2008

Gráfica: Vozes